essentials

essentials liefern aktuelles Wissen in konzentrierter Form. Die Essenz dessen, worauf es als „State-of-the-Art" in der gegenwärtigen Fachdiskussion oder in der Praxis ankommt. *essentials* informieren schnell, unkompliziert und verständlich

- als Einführung in ein aktuelles Thema aus Ihrem Fachgebiet
- als Einstieg in ein für Sie noch unbekanntes Themenfeld
- als Einblick, um zum Thema mitreden zu können

Die Bücher in elektronischer und gedruckter Form bringen das Expertenwissen von Springer-Fachautoren kompakt zur Darstellung. Sie sind besonders für die Nutzung als eBook auf Tablet-PCs, eBook-Readern und Smartphones geeignet. *essentials:* Wissensbausteine aus den Wirtschafts-, Sozial- und Geisteswissenschaften, aus Technik und Naturwissenschaften sowie aus Medizin, Psychologie und Gesundheitsberufen. Von renommierten Autoren aller Springer-Verlagsmarken.

Weitere Bände in der Reihe http://www.springer.com/series/13088

Doris Brenner

Onboarding

Als Führungskraft neue Mitarbeiter erfolgreich einarbeiten und integrieren

2. Auflage

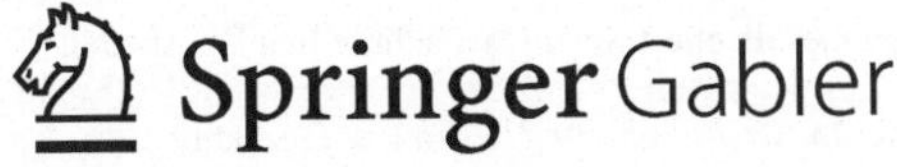

Doris Brenner
Rödermark, Deutschland

ISSN 2197-6708	ISSN 2197-6716	(electronic)
essentials
ISBN 978-3-658-30673-1	ISBN 978-3-658-30674-8	(eBook)
https://doi.org/10.1007/978-3-658-30674-8

Die Deutsche Nationalbibliothek verzeichnet diese Publikation in der Deutschen Nationalbibliografie; detaillierte bibliografische Daten sind im Internet über http://dnb.d-nb.de abrufbar.

Planung/Lektorat: Stefanie Winter
Springer Gabler ist ein Imprint der eingetragenen Gesellschaft Springer Fachmedien Wiesbaden GmbH und ist ein Teil von Springer Nature.
Die Anschrift der Gesellschaft ist: Abraham-Lincoln-Str. 46, 65189 Wiesbaden, Germany

Was Sie in diesem *essential* finden können

- Was Sie bereits vor dem ersten Arbeitstag des neuen Mitarbeiters vorbereiten können
- Aus welchen Elementen Sie ein Onboardingprogramm zusammenstellen können
- In welchen Phasen sich die Einarbeitung und Integration eines Mitarbeiters vollzieht
- Vorschläge für sinnvolle Maßnahmen für unterschiedliche Zielgruppen
- Checklisten, an was Sie alles denken sollten

Inhaltsverzeichnis

Über die Autorin

Doris Brenner Wirtschaftswissenschaftlerin mit den Schwerpunkten Marketing und Human Resource Management. Fach- und Führungserfahrung in Linienfunktionen in der Industrie. Langjährige Tätigkeit im strategischen und operativen HR-Bereich insbesondere auf dem Gebiet Rekrutierung und Personalentwicklung.

USA-Aufenthalt mit Studium „Neue Trends in HR Development and Training" an der University of Maryland, Graduate School of Business and Technology. Zusammenarbeit mit amerikanischen Personalberatungs- und Trainingsunternehmen in Kundenprojekten. Seit über 20 Jahren als freie Beraterin mit den Schwerpunkten Personalentwicklung und Karriereberatung tätig. Zahlreiche Publikationen zu den Themen Rekrutierung, Assessment-Center, Berufsplanung und Personalentwicklung mit einer Gesamtauflage von über 600.000 Exemplaren sowie regelmäßige Beiträge in Fachzeitschriften und in den Medien.

www.karriereabc.de

Doris Brenner ist Initiatorin und Gründungsvorstand der Deutschen Gesellschaft für Karriereberatung e. V. (DGfK) www.dgfk.org.

Onboarding – die Herausforderung an die Führungskraft

1

Die Einstellinterviews sind erfolgreich abgeschlossen, die Entscheidung ist gefallen und der zukünftige neue Mitarbeiter hat den Arbeitsvertrag unterschrieben. Das Thema Neueinstellung kann damit als abgeschlossen angesehen werden – oder doch nicht?

Mit der Entscheidung für einen neuen Mitarbeiter haben Sie den Startschuss für einen Prozess gegeben, der sich häufig über einen Zeitraum von mehr als einem Jahr erstreckt und als Einarbeitungs- und Integrationsprozess, oder neu deutsch auch als „Onboarding" bezeichnet wird.

Mit der Besetzung einer Stelle verbinden Sie als Führungskraft sicherlich die Hoffnung, nun mehr Kapazität zur Erreichung Ihrer Ziele zur Verfügung zu haben. In der Praxis bedeutet dies jedoch in der ersten Zeit zunächst einen beachtlichen Mehraufwand an Arbeit. „Der Neue" muss lernen, sich in den unbekannten Rahmenbedingungen zurecht zu finden und sich mit den an ihn gestellten Erwartungen vertraut zu machen. Erst wenn er die „Spielregeln" kennt, kann er damit beginnen als Teil des Systems seinen produktiven Beitrag zu leisten und damit Ihren Erwartungen als Führungskraft gerecht zu werden.

Das Onboarding ist sicherlich eine gemeinschaftliche Aufgabe, die nur im harmonischen Zusammenspiel zwischen HR und Fachbereich erfolgreich erfüllt werden kann. Als Führungskraft und damit als Vorgesetzter des neuen Mitarbeiters spielen Sie eine wesentliche Rolle in diesem Prozess der Einarbeitung und Integration:

- Sie sind Coach und disziplinarischer Vorgesetzter
- Sie übernehmen Verantwortung für den neuen Mitarbeiter
- Sie setzen Ziele und verfolgen deren Erreichung
- Sie vereinbaren Maßnahmen im Rahmen der Einarbeitungsphase

© Springer Fachmedien Wiesbaden GmbH, ein Teil von Springer Nature 2020
D. Brenner, *Onboarding*, essentials,
https://doi.org/10.1007/978-3-658-30674-8_1

- Sie bestimmen das Arbeitsumfeld, in dem der neue Mitarbeiter sich bewegt
- Sie legen die Aufgabenverteilung innerhalb Ihres Verantwortungsbereiches fest und bestimmen damit das Arbeitsgebiet des neuen Mitarbeiters
- Sie geben Hilfestellungen und beobachten die Entwicklungsschritte
- Sie treffen am Ende der Probezeit eine Entscheidung, ob das Arbeitsverhältnis fortgesetzt wird
- Sie fördern und begleiten die weitere Entwicklung des Mitarbeiters
- Sie beobachten das Umfeld, wie der neue Mitarbeiter mit den Kollegen zurechtkommt und sich im Team integriert

Diese Aufgaben stellen für Sie als Führungskraft eine große Herausforderung dar. Jede Menge Einfühlungsvermögen und zeitliches Engagement sind erforderlich, soll am Ende ein für beide Seiten befriedigendes und produktives Arbeitsverhältnis stehen.

Ziel dieser Publikation ist es, Ihnen als Führungskraft nützliche Tipps und Werkzeuge für die erfolgreiche Einarbeitung und Integration Ihrer neuen Mitarbeiter an die Hand zu geben. Wir wünschen Ihnen viel Spaß bei der Lektüre, auf dass die neuen Mitarbeiter Sie bei der Erreichung Ihrer zukünftigen Ziele tatkräftig unterstützen können.

Wenn von Vorgesetzter oder Mitarbeiter gesprochen wird, haben wir aus Vereinfachungsgründen darauf verzichtet, jeweils auch die weibliche Schreibform aufzuführen. Selbstverständlich sprechen wir mit diesem Leitfaden in gleicher Weise Menschen unterschiedlichen Geschlechts an.

Die Bedeutung des Onboardings für Ihren Erfolg als Führungskraft

2

„Auf meine Mannschaft kann ich mich 100-prozentig verlassen", eine Situation, die Sie als Führungskraft sicherlich anstreben. Doch vor den Erfolg haben die Götter die Arbeit gesetzt.

Um eine „schlagkräftiges Team" zur Realisierung Ihrer Ziele zur Verfügung zu haben, bedarf es der verantwortungsvollen Personalarbeit. Diese beginnt bei der Ansprache und Auswahl neuer Mitarbeit sowie deren sorgfältiger Einarbeitung und Integration.

Warum ist es für Ihren persönlichen beruflichen Erfolg so wichtig, dass Sie neue Mitarbeiter ohne Reibungsverluste in Ihren Bereich integrieren können?

Ihre Mitarbeiter bestimmen Ihren persönlichen Erfolg mit

- Engagierte und fachlich kompetente Mitarbeiter sind eine wichtige Grundlage für das Erreichen Ihrer Ziele
- Vakanzen und ein häufig wechselndes Mitarbeiterteam führen zu Unruhe und der Einschränkung der Produktivität.
- Interne Spannungen zwischen den Mitarbeitern haben einen negativen Einfluss auf die Arbeitsleistung.
- Fehlendes Wissen über das Unternehmen, die Produktpalette, Prozesse und Ziele kann zu Fehleinschätzungen und Verhaltensfehlern seitens des neuen Mitarbeiters und damit zu Umsatz- und Vertrauensverlusten am Markt führen.
- Die Identifikation des neuen Mitarbeiter mit den gelebten Werten der Organisation ist eine wichtige Voraussetzung für eine reibungslose Zusammenarbeit.

© Springer Fachmedien Wiesbaden GmbH, ein Teil von Springer Nature 2020

D. Brenner, *Onboarding*, essentials,

https://doi.org/10.1007/978-3-658-30674-8_2

- Mitarbeiter, die nicht das Gefühl haben, in das Team aufgenommen zu werden, verlieren leicht die Motivation und damit ihre Einsatzfreude und Leistungsbereitschaft. Sie sind damit nicht produktiv.
- Fehlbesetzungen und die Trennung während der Probezeit bzw. innerhalb des ersten Jahres, verursachen oftmals Kosten im sechsstelligen Bereich und schwächen die Position des Unternehmens am Markt.

Ihr beruflicher Erfolg hängt in hohem Maße von Ihrer Fähigkeit ab, die richtigen Leute am richtigen Arbeitsplatz einzusetzen. Hierzu zählt auch darauf zu achten, dass die Mitarbeiter eines Teams sich in ihren Fähigkeiten ergänzen und so Synergien entstehen. Es gilt Mitarbeiter auszuwählen, die sowohl von ihrer fachlichen als auch persönlichen Qualifikation in der Lage sind, den gestellten Anforderungen gerecht werden zu können. Diese Eigenschaften stellen jedoch nur eine Voraussetzung dar. Das vorhandene Potenzial der neuen Mitarbeiter gilt es auszuschöpfen und im Sinne der Unternehmensziele nutzbar zu machen. Hierzu bedarf es zunächst der Investition. Investitionen in Form von Betreuungszeit, Informationsbereitstellung und Wertschätzung, damit Sie Ihrem neuen Mitarbeiter vermitteln: Wir setzen auf Sie, Sie sind es uns Wert, etwas dafür zu tun, dass Sie sich bei uns wohl fühlen und mit Ihrem Wissen und Ihren Erfahrungen ein wichtiger Leistungsträger im Team werden.

Immer wieder wird betont, dass die Probezeit genau die Funktion hätte, die Passgenauigkeit eines neuen Mitarbeiter im Arbeitsalltag zu testen. Dies ist grundsätzlich richtig, da ja auch innerhalb der ersten 6 Monate eines Arbeitsverhältnisses dieses ohne Nennung von Gründen auch seitens des Arbeitsgebers beendet werden kann. Die Regelungen des Kündigungsschutzgesetzes greifen grundsätzlich erst, wenn ein Arbeitsverhältnis über 6 Monate besteht, ganz gleich, ob im Arbeitsvertrag eine kürzere Probezeit vereinbart wurde. Doch diese rechtliche Betrachtung stellt nur eine Seite der Medaille dar.

Sie sollten alles daran setzen, dass sowohl im Rahmen des Rekrutierungsprozesses wie auch während der Einarbeitung die Weichen für eine erfolgreiche Integration des neuen Mitarbeiters gestellt werden. Es werden wertvolle Ressourcen vergeudet, wenn das Arbeitsverhältnis nach kurzer Zeit wieder beendet wird – sei es firmenseitig oder auch durch Eigenkündigung des Mitarbeiters. Es zählt zu den zentralen Führungsaufgaben, die „richtigen" Mitarbeiter zu identifizieren und an Bord zu nehmen. Gelingt dies nicht, so ergeben sich daraus für Sie als Führungskraft weitreichende negative Konsequenzen:

Kosten: Die neuerliche Suche und Einarbeitung eines Mitarbeiter ist mit weiterem finanziellen Aufwand verbunden.

Image: Die Tatsache, dass es Ihnen nicht gelungen ist, eine erfolgreiche Mitarbeiterrekrutierung sicherzustellen, wirft auch ein negatives Licht auf Ihre Führungsqualitäten. Sollte es bereits mehrfache Fehlbesetzungen gegeben haben, wird seitens Ihres eigenen Chefs auch die Überlegung aufkommen, ob Sie als Führungskraft Ihren Job im Griff haben und am richtigen Platz sind.

Zielerreichung: Nur mit einem schlagkräftigen, leistungsstarken Team werden Sie in der Lage sein, Ihre Ziele zu erreichen. Eine schlechte Stimmung im Team bzw. neuerliche Suchprozesse und vakante Positionen sind hier Sand im Getriebe und kontraproduktiv.

Onboarding beginnt vor dem ersten Arbeitstag

Ob der Onboardingprozess erfolgreich verläuft, lässt sich erst nach Ende der Probezeit wirklich beurteilen. Dennoch können Sie bereits im Auswahlprozess und vor dem Eintritt des neuen Mitarbeiters ins Unternehmen die Weichen dafür stellen. Nachfolgend finden Sie hierzu konkrete Anregungen.

3.1 Auswahlprozess

Beschreibung des Anforderungsprofils

Nehmen Sie sich Zeit, um die tatsächlichen Anforderungen der zu besetzenden Stelle zu beschreiben. Es genügt in der Regel nicht, einfach eine alte Stellenbeschreibung eins zu eins zu übernehmen. Unterscheiden Sie in Muss- und Kann-Anforderungen und berücksichtigen Sie dabei auch absehbare zukünftige Entwicklungen am Markt, die Einfluss auf die sich stellenden Anforderung in der Zukunft haben werden. Beziehen Sie bei der Stellenbeschreibung auch Ihre Mitarbeiter in vergleichbaren / ähnlichen Positionen mit ein. Sie können aus der Arbeitspraxis oft noch genauer beschreiben, worauf es für eine erfolgreiche Aufgabenbewältigung wirklich ankommt.

Je spezifischer Sie das Anforderungsprofil beschreiben, um so klarer kristallisiert sich auch ein Bild für potenzielle Interessenten heraus. Sofern Sie mithilfe eines Personalberaters bzw. im Rahmen des „Active Sourcings"[1] die Stellenbesetzung vornehmen wollen, erleichtern Sie auch diesem Dienstleister die passgenaue Suche nach geeigneten Kandidaten.

---

[1]Active Sourcing steht für die gezielte Ansprache und Bindung von Kandidaten insbesondere über soziale Netzwerke und Portale.

© Springer Fachmedien Wiesbaden GmbH, ein Teil von Springer Nature 2020

D. Brenner, *Onboarding*, essentials,

https://doi.org/10.1007/978-3-658-30674-8_3

Mitarbeiterempfehlungen reduzieren das Risiko
Stellenbesetzungen über Empfehlungen haben sich in der Praxis sehr gut bewährt. Dies gilt ganz besonders, wenn die Empfehlungen seitens der eigenen Mitarbeiter erfolgen. Zum einen kennen Sie die Anforderungen und Rahmenbedingungen des Jobs, gleichzeitig kennen Sie die zu empfehlende Person. Eine Empfehlung wird in der Regel nur erfolgen, wenn sich der Mitarbeiter wirklich sicher ist. Schließlich muss er mit dem neuen Kollegen selbst zusammenarbeiten und es steht auch sein guter Ruf auf dem Spiel, sollte sich die Empfehlung als nicht passend herausstellen.

Abgleich des Anforderungsprofils mit den Kandidatenprofilen
Personalauswahlentscheidungen sollten mit viel Engagement und der notwendigen Sorgfalt gefällt werden, denn diese Mühe zahlt sich während der Einarbeitung und im Arbeitsalltag aus. Nutzen Sie die Ihnen gebotenen Möglichkeiten im Rahmen des Auswahlprozesses (vgl. hierzu unsere Broschüre: Bewerberinterviews sicher und zielgerichtet führen). Sie müssen ein sicheres Gefühl dafür erhalten, inwieweit eine Deckung zwischen Anforderungsprofil und Kandidatenprofil besteht und wo Abweichungen sind. Telefoninterviews, (Online)-Assessment Center, und Persönlichkeitsdiagnostik in Form von Testverfahren können die Auswahlentscheidung neben dem klassischen Interview auf eine solidere Basis stellen. Insbesondere die Vereinbarung eines „Schnuppertages" vor der endgültigen Auswahlentscheidung, schafft für beide Seiten mehr Klarheit. In der Regel sind auch Bewerber daran interessiert einen realistischen Einblick zu bekommen.

Defizite klar erkennen und Entwicklungs- und Qualifizierungsmaßnahmen festlegen
Wer Personalauswahlentscheidungen trifft, weiß, dass es den „Idealkandidaten" nur selten gibt. In der Regel sind Kompromisse zu machen. Entscheidend ist dabei nur, dass die vorhandenen Defizite frühzeitig erkannt und entsprechende Qualifizierungsmaßnahmen festgelegt und konsequent umgesetzt werden.

Eigene Erwartungen kommunizieren
Beschreiben Sie den Kandidaten Ihre Erwartungen, die Sie mit der Neueinstellung verbinden und zeigen Sie im Rahmen des Rekrutierungsprozesses ein realistisches Bild der Arbeitsbedingungen auf. Es nützt Ihnen nichts, wenn Sie eine heile Welt vorgeben und ein Kandidat dies für bare Münze nimmt. Ihre Glaubwürdigkeit und die erfolgreiche Integration eines neuen Mitarbeiters stehen auf dem Spiel.

Erwartungen des Mitarbeiters kennen und auf Realisierbarkeit hin prüfen
So wie Sie als Führungskraft bestimmte Anforderungen und Erwartungen gegenüber einem neuen Mitarbeiter haben, hat auch der Kandidat bestimmte Vorstellungen von seinem neuen Arbeitgeber und seinem Tätigkeitsfeld. Prüfen Sie kritisch, ob Sie in der Praxis diesen Erwartungen gerecht werden können. Sofern Sie dies verneinen müssen, sollten Sie dem Bewerber dies auch vermitteln. Sie haben nichts davon, wenn er blauäugig die neue Stelle antritt, dann unzufrieden ist und das Handtuch wirft.

Beziehen Sie Ihre Mitarbeiter in den Entscheidungsprozess mit ein
In der Regel sind es nicht die mangelnden fachlichen Leistungen, die zu einem Scheitern des Arbeitsverhältnisses in der Probezeit führen, sondern Spannungen im zwischenmenschlichen Bereich. Indem Sie Ihre Mitarbeiter in den Entscheidungsprozess einbeziehen, übertragen Sie ihnen eine Mitverantwortung für die erfolgreiche Integration des neuen Kollegen. Schließlich müssen sie auch täglich mit ihm zusammenarbeiten.

3.2   Das Preboarding

Zwischen Vertragsabschluss und Arbeitsantritt liegen in der Regel einige Wochen oder sogar Monate. Nutzen Sie diese Zeit, um den neuen Mitarbeiter bereits einzubeziehen und ihm den Einstieg in das Unternehmen zu erleichtern. Diese Phase wird auch als Preboarding bezeichnet. Indem Sie den neuen Mitarbeiter frühzeitig abholen und ihm das Gefühl geben, dass Sie an ihn denken und ihn bereits als Teil des Teams sehen, vermitteln Sie ihm Sicherheit. Dies stärkt das Commitment des neuen Mitarbeiters und gleichzeitig lassen sich mögliche Zweifel und Ängste abbauen. Alle bereits in dieser Phase durchgeführten Maßnahmen tragen ferner zu einer Verkürzung der Einarbeitungszeit bei.

Durch eine frühe Bindung reduzieren Sie ferner die Gefahr, dass es sich der potenzielle neue Mitarbeiter doch noch anders überlegt und erst gar nicht das Arbeitsverhältnis antritt. Diese sogenannte No-Show-Rate vor dem ersten Arbeitstag ist erschreckend hoch. Unternehmen berichten von bis zu 30 % insbesondere bei den besonders begehrten Berufszielgruppen, die mit mehreren Vertragsangeboten rechnen können. Dagegen schützen auch Konventionalstrafen in Arbeitsverträgen wenig, wenn keine emotionale Bindung besteht.

Der wichtigste Rat in diesem Zusammenhang ist
Halten Sie schon vor dem ersten Arbeitstag Kontakt mit dem neuen Mitarbeiter.
Nachfolgend einige Vorschläge, was Sie konkret tun können:

- Kontakt halten und über aktuelle Entwicklungen im zukünftigen Bereich informieren
- Einzelne Elemente des Einarbeitungsprogramms bereits planen bzw. mit beteiligten Abteilungen bzw. dem HR-Bereich abstimmen und dem neuen Mitarbeiter kommunizieren
- Zugang zum Intranet bzw. zu firmeninternen Chats vorab einrichten, damit sich der neue Mitarbeiter schon mit aktuellen Themen und firmenspezifischen Begrifflichkeiten und Abkürzungen vertraut machen kann.
- Einladung zu Abteilungsveranstaltungen wie Weihnachtsfeiern, Ausflügen oder sonstigen Teamevents
- Zugang zu Onboarding-Software bereitstellen (siehe auch Abschn. 4.4. Onboarding Softwaretools)
- Sofern ein Standortwechsel mit der neuen Stelle verbunden ist: Unterstützung bei der Wohnungssuche und der Etablierung am neuen Standort (Relocationservice) bzw. bei Bedarf Unterstüzung des Partners bei der Jobsuche (Dual Career Service[2]).

Ein schönes Best Practice ist das Beispiel eines Unternehmens, das seinen neuen Mitarbeitern eine Woche vor dem offiziellen Eintrittstermin einen Blumenstrauß nach Hause schickt, mit einem Kartengruß und den Worten: „Wir freuen uns, dass wir Sie in einer Woche bei uns im Team begrüßen dürfen."

---

[2]Siehe hierzu auch unsere Publikation Dual Career Service – ein innovatives Insturment zur Rekrutierung und Mitarbeiterbindung.

Die Elemente des Onboardings   4

Wenn über die Einarbeitung eines neuen Mitarbeiters nachgedacht wird, steht für viele Führungskräfte das möglichst schnelle Vertrautmachen mit den stellenbezogenen inhaltlichen Aufgaben im Fokus. Die Praxis zeigt jedoch, dass es in der Regel nicht die mangelnden Kenntnisse sind, die in der Probezeit zu größeren Problemen bis hin zum Scheitern des neuen Arbeitsverhältnisses führen. Vor diesem Hintergrund werden heute neben der fachlichen Einarbeitung weitere Aspekte beim Einstieg eines neuen Mitarbeiters berücksichtigt und unter dem Begriff Onboarding zusammengefasst. Dieses „an Bord nehmen" umfasst die ganzheitliche Einarbeitung und Integration eines neuen Mitarbeiters. Ziel ist es die volle Leistungsfähigkeit und –bereitschaft möglichst schnell für die Organisation nutzbar zu machen und eine hohe Mitarbeiterbindung zu erzielen. Dies ist insbesondere vor dem Hintergrund des Mangels an Fach- und Führungskräften ein erfolgskritischer Faktor. Denn zufriedene Mitarbeiter reduzieren die Fluktuation und sind die besten Botschafter nach außen.

Das Onboarding verfolgt einen ganzheitlichen Ansatz und lässt sich im wesentlichen in drei Teilaspekte gliedern:

4.1   Drei Ebenen: Die fachliche, soziale und werteorientierte Integration

Generell vollzieht sich die Einarbeitung und Integration eines neuen Mitarbeiters auf drei Ebenen (Abb. 4.1).

© Springer Fachmedien Wiesbaden GmbH, ein Teil von Springer Nature 2020   11
D. Brenner, *Onboarding*, essentials,
https://doi.org/10.1007/978-3-658-30674-8_4

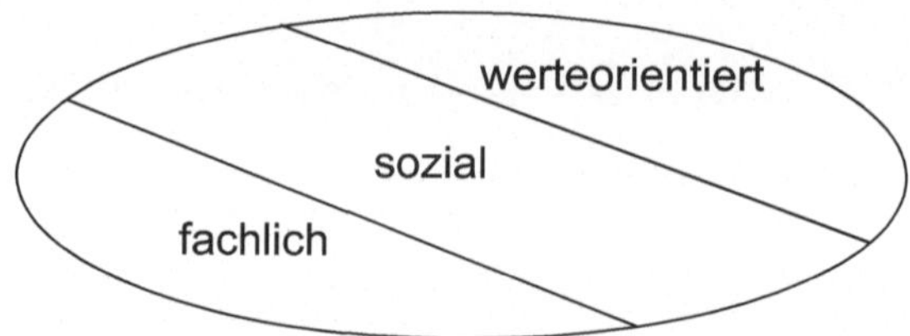

Abb. 4.1 Einarbeitung und Integration neuer Mitarbeiter

Fachliche Integration

Der Mitarbeiter muss sich sowohl Kenntnisse über das Unternehmen als auch insbesondere über sein Arbeitsgebiet aneignen. Der Schwerpunkt liegt dabei in der Einarbeitung in bestimmte Aufgabenstellungen, der Aneignung von Faktenwissen und der konkreten Umsetzung seiner Kenntnisse und Fähigkeiten im Sinne der Unternehmensziele. Dies beinhaltet auch Kenntnisse über die Organisations- und Prozessstrukturen, und die richtigen Ansprechpartner intern wie auch extern.

Soziale Integration

Für den Mitarbeiter heißt es sich mit einem neuen Arbeitsumfeld vertraut zu machen. Der Umgang mit dem Vorgesetzten, den Kollegen, internen und externen Kunden vollzieht sich in erster Linie über soziale Kontakte. Das Arbeiten in Teams oder Projektgruppen, die Abstimmung mit Kollegen, das Erarbeiten der eigenen Position innerhalb der Bereichs- oder Abteilungsstruktur stellen dabei wichtige Elemente dar. Erst wenn der Mitarbeiter seinen Platz im Gemeinschaftsgefüge gefunden hat, als Teil des Teams akzeptiert wird und ein „Wir-Gefühl" entwickelt hat, kann von einer erfolgreichen sozialen Integration gesprochen werden.

Werteorientierte Integration Ferner gilt es für den Mitarbeiter sich mit den Zielen, Werten und Führungsgrundsätzen des Unternehmens vertraut zu machen. Die „corporate identity" also das Selbstverständnis des Unternehmens spielt hier eine zentrale Rolle. Werteorientierte Integration ist ein mittel- und langfristig angelegter Prozess, der nicht nur über Leitbilder, sondern in erster Linie über gelebte Werte dem neuen Mitarbeiter vermittelt werden kann.

Ein erfolgreicher Onboardingprozess umfasst alle drei Teilaspekte.

Während in der Regel die fachliche Integration eines neuen Mitarbeiters eher leicht fällt, entstehen die größten Schwierigkeiten im Rahmen des Onboardingprozesses im Bereich der sozialen und werteorientierten Integration. So sind die häufigsten Gründe für die Beendigung eines Arbeitsverhältnisses während der Probezeit nicht fachlicher Natur, sondern werden mit

Formulierungen wie „die Chemie stimmt nicht" oder „die unterschiedlichen Vorstellungen über Vorgehensweisen und Prioritäten ließen sich nicht vereinbaren" umschrieben.

▶ **Tipp** Richten Sie Ihr besonderes Augenmerk als Führungskraft darauf, dass im Rahmen des Onboardingprozesses die soziale und werteorientierte Integration in ausreichendem Maße Berücksichtigung findet. Ansonsten laufen Sie Gefahr, dass der Mitarbeiter zwar fachlich fit ist aber emotional verkümmert und bereits nach kurzer Zeit zumindest innerlich kündigt. Je stärker sich der neue Mitarbeiter mit seinem direkten Umfeld und der Organisation identifizieren kann, also ein „cultural fit" besteht, um so höher sind auch seine Motivation und Einsatzbereitschaft.

Die Schwerpunkte, die Sie bei der Einarbeitung und Integration neuer Mitarbeiter wählen sollten, hängen sehr stark von den individuellen Voraussetzungen des Einzelnen ab. Es macht einen Unterschied, ob es sich z. B. um einen frisch gebackenen Hochschulabsolventen, eine Hilfskraft im Lager oder eine Führungskraft mit langjähriger Berufserfahrung handelt, die neu in Ihren Bereich kommt. Von zentraler Bedeutung ist auch das zukünftige Aufgabengebiet des neuen Mitarbeiters. Einen Vertriebsmitarbeiter sollten Sie anders auf seine neue Aufgabe vorbereiten als einen Entwickler. Darüber hinaus gilt es die im Rahmen des Auswahlprozesses festgestellten Defizite im Vergleich zum Anforderungsprofil der Stelle bei der Zusammenstellung des Maßnahmenkatalogs für die Anfangszeit zu berücksichtigen.

4.2 Elemente von Onboardingprogrammen

Nachfolgend einzelne Elemente, die sich im Rahmen des Onboardingprogrammes anbieten, jedoch nur exemplarischen Charakter haben können:

Einführungsveranstaltung
Alle neuen Mitarbeiter innerhalb eines bestimmten Zeitraums werden zu einer ein- bis dreitägigen Veranstaltung eingeladen. Dabei wird ein Überblick über die Unternehmensaktivitäten gegeben. Diesbezügliche Veranstaltungen werden in der Regel zentral vom HR-Bereich organisiert und durchgeführt. Sie sollten sich als Führungskraft jedoch mit der Konzeption der Veranstaltung näher beschäftigen und ggfs. Inputs und Verbesserungsvorschläge machen, da die Qualität dieser

Maßnahme direkten Einfluss auf die erfolgreiche Integration Ihres neuen Mitarbeiters hat. In jedem Fall macht es Sinn, dass Sie im Nachgang einer solchen Veranstaltung seine Eindrücke mit Ihrem neuen Mitarbeiter besprechen. So lassen sich Unstimmigkeiten oder offene Fragen klären. Darüber hinaus können Sie auch über spezielle Einführungsworkshops für Ihren Bereich nachdenken, sofern es die Mitarbeiterzahl rechtfertigt.

Darauf sollten Sie achten

Lassen Sie die Vorstellung der einzelnen Bereiche in Form von Vorträgen nicht zu einer Folienschlacht werden. Weniger ist oft mehr. Kleine Fallstudien und Praxisbeispiele können hier eine gute Auflockerung schaffen.

Geben Sie den Teilnehmern genügend zeitliche Freiräume, um sich gegenseitig kennenzulernen. Nur so schaffen sie sich ein Netzwerk und entwickeln ein „Wir-Gefühl".

Wertschätzung der Mitarbeiter lässt sich auch darüber vermitteln, dass hochrangige Führungskräfte der Organisation sich die Zeit nehmen, um zumindest zeitweise an Einführungsveranstaltungen teil zu nehmen. Hierzu bieten sich Kurzvorträge mit Diskussion in den Abendstunden besonders an (special guest). ◀

Einarbeitung am Arbeitsplatz

Der neue Mitarbeiter übernimmt nach und nach die Bearbeitung einzelner Aufgaben. Diese Schritte werden durch entsprechende Informationen und Hinweise begleitet, die es ihm leichter machen, Zusammenhänge zu verstehen.

Darauf sollten Sie achten

Der richtigen Dosierung von Aufgabenmenge und Komplexität der Aufgaben kommt eine besondere Bedeutung bei, ansonsten besteht sehr leicht die Gefahr der Unter- oder Überforderung. Durch Feedback-Gespräche und Controllingmaßnahmen wie z. B. Beobachtung der Fehlerquote lässt sich hier das richtige Maß besser finden.

Stellen Sie sicher, dass der neue Mitarbeiter durch die Kollegen eine entsprechende Unterstützung erhält. Indem Sie Faktoren wie „Teamgeist" oder „Unterstützung neuer Kollegen" zu Bewertungskriterien in der Mitarbeiterbeurteilung machen, erhöhen Sie den Stellenwert diesbezüglicher Aktivitäten.

Planen Sie sich selbst genügend Zeit ein, um mit dem neuen Mitarbeiter offene Fragen und Einschätzungen zu besprechen. Seien Sie sich bewusst, dass die Mitarbeiterführung – und hierzu zählt auch die Integration neuer Mitarbeiter –, eine Ihrer zentralen Aufgaben ist. Diese Verantwortung sollten Sie nicht delegieren.

TIPP: Bieten Sie dem neuen Mitarbeiter aktiv an, dass Sie ihm für Rückfragen zur Verfügung stehen. Zumindest einmal in der Woche sollte in der Anfangszeit ein Gespräch stattfinden, bei dem der neue Mitarbeiter offene Fragen klären und insbesondere auch seine Eindrücke und Wahrnehmungen mit Ihnen austauschen kann. Indem Sie ihm Zusammenhänge erklären, helfen Sie dem neuen Mitarbeiter einzelnen Puzzleteile einordnen zu können und fördern damit die Entstehung eines Gesamtbildes.

Regelmäßige Gespräche drücken ferner Wertschätzung aus und ermöglichen eine zügiges Korrigieren bei Fehlentwicklungen im Onboardingprozess. ◄

Schulungsmaßnahmen

Auf der Grundlage des Abgleichs von Anforderungs- und Kandidatenprofil sind konkrete Schulungsmaßnahmen zu definieren und konsequent auch umzusetzen. Dabei sollte auf eine gesunde Mischung aus Präsenz- und Onlinetools geachtet werden. Dieses sogenannte „Blended Learning" ermöglicht zum einen eine effiziente und zeitlich flexible Wissensvermittlung und stellt gleichzeitig sicher, dass der neue Mitarbeiter auch persönliche Kontakte zu anderen Mitarbeitern knüpfen kann.

Darauf sollten Sie achten

Stellen Sie sicher, dass der neue Mitarbeiter ein ausgewogenes Programm von „on the job" (Einarbeitung, Schulung am Arbeitsplatz) und „off the job"-Maßnahmen (Schulungen in Trainingszentren oder extern) hat. Wenn Sie den neuen Mitarbeiter in den ersten sechs Monaten nur insgesamt vier Wochen bei sich im Bereich haben, wird eine soziale und werteorientierte Integration wohl kaum erfolgen können und die Entscheidung ob Weiterbeschäftigung erfolgen soll, ist nur schwer möglich. ◄

Projektarbeit

Die Beteiligung an Projekten bietet dem Mitarbeiter die Möglichkeit, von Beginn an in Teams zu arbeiten und damit die Vorgehensweise zur Erledigung von Aufgaben im Unternehmen kennenzulernen. Da heute vermehrt in agilen Projektstrukturen gearbeitet wird, sollte der neue Mitarbeiter die entsprechenden Herangehensweisen sehr frühzeitig vermittelt bekommen.

> **Darauf sollten Sie achten**
>
> Legen Sie Wert darauf, dass in den betreffenden Projekten erfahrene Profis sind, von denen der neue Mitarbeiter viel lernen kann. Bestimmen Sie ein Projektmitglied, das sich besonders des neuen Mitarbeiters annimmt. ◄

Zielvereinbarungen

Sie legen mit Ihrem neuen Mitarbeiter konkrete Ziele für einen bestimmten Zeitraum z. B. Probezeit fest. Damit helfen Sie dem Mitarbeiter bei der Orientierung, welche Erwartungen Sie haben und was aus Ihrer Sicht für eine erfolgreiche Einarbeitung und Integration sinnvoll ist. Ferner geben Sie dem neuen Mitarbeiter Gelegenheit, erste Erfolge zu erzielen und eine solide Grundlage für die Entscheidung zu schaffen, ob eine Weiterbeschäftigung nach der Probezeit für beide Seiten sinnvoll ist.

Darauf sollten Sie achten

Stellen Sie sowohl Ziele zusammen, die sich auf den Onboardingprozess beziehen z. B. Besuch bei mindestens drei Kunden vor Ort, Kennenlernen des Produktspektrums, SAP-Schulung, als auch Ziele, die direkt mit der erfolgreichen Bewältigung der gestellten Arbeitsaufgabe zu tun haben z. B. selbstständige Abwicklung von mindestens drei Aufträgen, Konzeption einer Marketingstrategie für ein bestimmtes Produkt.

Beteiligen Sie den Mitarbeiter an der Zielfestlegung, indem Sie seine Wünsche und Interessenschwerpunkte berücksichtigen und ihn gleichzeitig auch in die Pflicht nehmen. Denn nur Ziele, hinter denen er selbst auch steht, wird er mit Energie verfolgen.

Beachten Sie bei der Festlegung der Ziele, dass diese SMART sind, also

S spezifisch – das verfolgte Ziel und die Erfolgsparameter sind klar präzise formuliert
M messbar – es werden Werte festgelegt, die als Orientierung dienen
A akzeptiert – der neue Mitarbeiter steht hinter dem vereinbarten Ziel
R realistisch- die Ziele sollten unter den gegebenen Bedingungen erreichbar sein
T terminiert- es gibt einen klaren Zeitbezug für die Zielerreichung

Feedback-Gespräche

Führen Sie mit Ihrem neuen Mitarbeiter Feedback-Gespräche, um ihm eine realistische Einschätzung zu geben, wie er und sein Verhalten wahrgenommen werden. Feedback-Gespräche können auch Ihnen als Führungskraft wichtige Hinweise geben, wie Sie und Ihr Bereich auf jemanden, der von außen kommt, wirken.

Darauf sollten Sie achten

Die Feedback-Gespräche sollten Sie regelmäßig führen. Dabei gilt es sowohl den Prozess im Hinblick auf die angestrebte Zielerreichung zu beleuchten als auch die soziale und werteorientierte Integration zu hinterfragen. Insbesondere bei der werteorientierten Integration bedarf es sehr intensiver Gespräche, bei denen der neue Mitarbeiter Hintergründe und Motive für bestimmtes Verhalten in der Organisation erfährt. Ferner zeigen Sie ihm durch Ihr Verhalten gelebte Wertmaßstäbe z. B. mit welchem Engagement die Integration neuer Mitarbeiter in der Praxis betrieben wird. Der Unternehmensleitsatz: Unsere Mitarbeiter sind unser wichtigstes Kapital, wird so mit Leben erfüllt.

Feedbackgespräche geben dem Mitarbeiter die Möglichkeit eine Rückmeldung darüber zu erhalten, wie sein Verhalten von anderen beurteilt wird. Dies trägt zu einer realistischen Standortbestimmung bei.

Feedback sollte sowohl positive Aspekte als auch weiteres Verbesserungspotenzial beinhalten. Nur wenn der Mitarbeiter aufgrund von Lob auch Erfolgserlebnisse hat, wird er mit Motivation die vorhandenen Defizite in Angriff nehmen. Feedbackgespräche sollten keine Einbahnstraße sein. Deshalb bieten Ihre Gespräche auch eine gute Möglichkeit, um dem Mitarbeiter Gelegenheit zu geben, seine Eindrücke über Abläufe und Vorgehensweisen im Unternehmen widerzugeben. Oftmals lassen sich daraus wichtige Ansatzpunkte für Verbesserungen gewinnen. ◄

Abteilungsdurchläufe/Hospitationen

Der neue Mitarbeiter lernt Bereiche und Teams kennen, die in Zusammenhang mit seinem Aufgabengebiet stehen. Es kann sich dabei um interne Lieferanten (Bereiche, von denen er Waren oder Dienstleistungen bezieht) oder Kunden (Bereiche, denen er Waren oder Dienstleistungen liefert) handeln. Ziel ist es die eigene Aufgabe innerhalb der Prozesskette besser einordnen zu können und wichtige Ansprechpartner kennenzulernen.

Darauf sollten Sie achten

Informieren Sie die entsprechenden Units rechtzeitig darüber, wann und für wie lang der neue Mitarbeiter kommen wird. Sprechen Sie mit dem Verantwortlichen darüber, welche Erwartung Sie mit dem Aufenthalt verbinden und was der neue Mitarbeiter dabei mitnehmen soll. Sprechen Sie mit dem neuen Mitarbeiter nach der Hospitation seine Eindrücke durch. ◄

Kunden- und Lieferantenbesuche

Indem ein neuer Mitarbeiter auch die externen Geschäftspartner kennenlernt, geben Sie ihm die Möglichkeit, Zusammenhänge besser zu verstehen und aus dem Blickwinkel des Kunden/Lieferanten zu betrachten. Anforderungen aus dem Mund des Kunden haben eine wesentlich höhere Gewichtung, wie wenn diese nur in Papierform oder über interne Kanäle vermittelt werden. Ferner wird dadurch die tägliche Kommunikation erleichtert, wenn bereits ein persönlicher Kontakt besteht.

Darauf sollten Sie achten

Bereiten Sie den neuen Mitarbeiter gut auf die Besuche vor. Hierzu zählen Informationen über die jeweiligen Unternehmen, die Ansprechpartner und aktuelle Fragestellungen wie laufende Projekte oder aktuelle Probleme. So vermeiden Sie, dass der neue Mitarbeiter sofort in mögliche „Fettnäpfchen" tritt. Es ist sinnvoll, den neuen Mitarbeiter beim ersten Besuch entweder selbst zu begleiten oder zumindest einen erfahrenen Kollegen zur Seite zu stellen, der ihn einführt. ◄

Peergroups

Geben Sie dem neuen Mitarbeiter Gelegenheit sich mit Gleichgesinnten zum Erfahrungsaustausch zu treffen. Sofern Sie z. B. für Hochschulabsolventen Traineeprogramme als Einstiegsform im Unternehmen haben, wird in der Regel über diese Programme bereits der regelmäßige Erfahrungsaustausch sichergestellt. Ansonsten können Einführungsveranstaltungen als Ausgangspunkt für diesbezügliche Treffen neuer Mitarbeiter genutzt werden.

Darauf sollten Sie achten

Häufig fällt es altgedienten Mitarbeitern schwer, sich in die Probleme und Ängste neuer Mitarbeiter hineinzuversetzen. Daher ist es wichtig, dass Ihr neuer Mitarbeiter die Möglichkeit hat, sich mit Menschen zu treffen, denen es ähnlich geht wie ihm. Ansonsten besteht leicht die Gefahr, dass bei dem neuen Mitarbeiter das Gefühl entsteht, nur er hat Schwierigkeiten sich zurechtzufinden. Im Hinblick auf die soziale Integration ist der Austausch mit anderen Neueinsteigern ein wichtiger Baustein.

Durch Stammtische, Teamevents oder sonstige gemeinsame Freizeitaktivitäten erhält der neue Mitarbeiter Gelegenheit, Sie als seinen Chef sowie die Kollegen von einer anderen, privaten Seite kennenzulernen.

Informelle Veranstaltungen verbessern die Kommunikation im Team und tragen zu einem „Wir-Gefühl" bei. ◄

Darauf sollten Sie achten

Es kann sehr sinnvoll sein, Veranstaltungen zu wählen, bei denen auch Partner oder die ganze Familie eingeladen sind. So können Sie das soziale Umfeld des neuen Mitarbeiters einbeziehen und auch für den Partner die Möglichkeit schaffen, selbst soziale Kontakte aufzubauen. Dies ist von besonderer Bedeutung, wenn der neue Mitarbeiter einen Wohnortwechsel in Kauf nahm und seine Familie sich am neuen Standort zurechtfinden muss. ◄

Incentives

Bieten Sie dem Mitarbeiter Anreize, damit er sieht, dass sich Engagement und das eigene Bemühen um eine reibungslose Einarbeitung und Integration lohnen. Diese können an die Erreichung vereinbarter Ziele gekoppelt sein, oder aufgrund positiver Rückmeldungen Dritter über das Verhalten des neuen Mitarbeiters. Anreize hierbei können z. B. sein:

- Teilnahme an Kundenempfängen oder Präsentationen,
- Gelegenheit verschiedene Unternehmensstandorte selbst zu besuchen,
- Werbegeschenke (Taschen, T-Shirts,… mit Firmenlogo),
- Präsentationen vor der Geschäftsführung,
- Aufnahme in Förderprogramme,
- Benefits wie kostenlose Mitgliedschaft in Fitness-Clubs, Gutscheine für kulturelle Veranstaltungen oder flexible Regelungen der Arbeitszeit bei vorübergehendem Pendeln zwischen Wohn- und Arbeitsort.

Darauf sollten Sie achten

Bemühen Sie sich, bei der Verteilung von Incentives gerecht zu sein. Nichts ist schlimmer für das Arbeitsklima wie der Eindruck, dass bestimmte Mitarbeiter ungerechtfertigt bevorzugt werden.

Machen Sie deutlich, dass es sich um freiwillige Leistungen handelt, auf die kein Anspruch besteht. ◄

Relocation-Services

Ist für den neuen Mitarbeiter die Arbeitsaufnahme mit einem Wohnortwechsel verbunden, kann es sinnvoll sein darüber nachzudenken, einen Relocation-Service in Anspruch zu nehmen. Diese Dienstleistung beinhaltet die Unterstützung bei der Wohnungssuche, die Übernahme von administrativen Tätigkeiten wie Auto ummelden oder auch Unterstützung bei der Suche nach einem Hortplatz für das Kind. Ein Relocation-Service bietet den Vorteil, dass sich der Mitarbeiter von Beginn an mit voller Energie seiner Einarbeitung im Job widmen kann und nicht mit zeitaufwendigen und meist wenig motivierenden administrativen Aufgaben beschäftigen muss.

Dual Career Service

Bei dem Angebot des Dual Career Services handelt es sich um ein sehr innovatives Element im Rahmen des Onboardings. Die Unterstützung des Partners bei der Jobsuche am neuen Standort stellt eine wichtige Leistung dar, ganz besonders für hoch qualifizierte Paare, die beide ihrer beruflichen Entwicklung einen hohen Stellenwert beimessen. Die Maßnahmen können sich sowohl auf Beratungsleistungen und Coaching konzentrieren oder im Verbund mit anderen Organisationen der Region auch die konkrete Vermittlung von Jobangeboten beinhalten. Dual Career Services erhöhen die Mitarbeiterbindung und können dazu beitragen, dass zeit- und kostenintensives Pendeln und eine Fernbeziehung vermieden werden können.

> **Darauf sollten Sie achten**
>
> Lassen Sie sich Referenzen von den Firmen geben, wenn Sie erstmals auf diese Dienstleistung zugreifen. Stimmen Sie im Vorfeld den benötigten Leistungsumfang mit dem Mitarbeiter ab und bitten Sie ihn im Nachhinein um eine Beurteilung der Serviceleistung. ◄

Pate, Mentor und Buddy

Für den neuen Mitarbeiter werden Sie als seine Führungskraft als Ansprechpartner sicherlich von zentraler Bedeutung sein. Dennoch gibt es zahlreiche Fragestellungen, die ein neuer Mitarbeiter zunächst eher unverfänglich mit einer „neutralen" Person besprechen möchte. Eine sehr sinnvolle Unterstützung im Rahmen des Onboardings ist daher die Benennung eines sogenannten Paten. Es handelt sich dabei in der Regel um einen Kollegen, der dem neuen Mitarbeiter in der ersten Zeit als persönlicher Ansprechpartner zur Verfügung steht und ihm auch bei ganz alltäglichen Fragestellungen (z.B: wo bekomme ich einen Parkausweis her?, wer hilft mir, wenn ich ein neues Passwort für meinen PC brauche?) hilfreiche Tipps geben kann. Der Pate hilft auch Situationen und Verhaltensweisen von Kollegen oder Vorgesetzten besser einschätzen und bewerten zu können, da er die Zusammenhänge und „ungeschriebenen Gesetze" im Unternehmen kennt. Durch den offiziellen Patenstatus erhält der Einsteiger das Gefühl, dass er den Paten durch seine Fragen weder stört noch von der Arbeit abhält. Im Gegensatz zum Paten, handelt es sich beim Mentor in der Regel um eine Führungskraft aus einem anderen Bereich im Unternehmen, die wertvolle Anregungen geben kann und ermöglicht, unternehmerische Entscheidungen aus unterschiedlichen Blickwinkeln zu beurteilen. Hier steht also die Reflexion und Bewertung unter Einbeziehung einer anderen Perspektive im Vordergrund. Teilweise wird in Unternehmen auch ein so genannter „Buddy" zur Seite gestellt. Bei ihm steht die Unterstützung bei der sozialen Integration im Vordergrund. Häufig wird diese Aufgabe jedoch von dem Paten gleichzeitig mit übernommen.

Für die ersten Tage und Wochen ist es sicherlich sinnvoll, zunächst einen Paten aus dem eigenen Bereich für diese Betreuungsaufgabe zu gewinnen. Wichtig ist dabei, dass der Pate diese Aufgabe freiwillig übernimmt. Dies ist die beste Voraussetzung für sein Engagement und die Bereitschaft, dem neuen Mitarbeiter eine wirkliche Hilfe sein zu wollen. Ferner sollte der Pate auf diese Aufgabe vorbereitet werden, indem auch die Erwartungen, die mit dieser Rolle verbunden sind, kommuniziert werden.

Nachfolgend eine Checkliste, wie Sie einen Mitarbeiter auf seine Rolle als Pate vorbereiten können

- Machen Sie deutlich, dass Sie die Patenfunktion als eine wichtige Aufgabe ansehen.
- Besprechen Sie Ihre Erwartungen an ihn in seiner Rolle als Pate.
- Informieren Sie den Paten über das geplante Onboardingprogramm des neuen Mitarbeiters und beteiligen Sie den Paten an der konkreten Ausgestaltung und Umsetzung.
- Sichern Sie ihm Unterstützung zu, wenn er das Gefühl bekommt, in seiner Funktion als Pate überfordert zu sein.
- Sensibilisieren Sie den Paten dafür, dass er Faktoren, die eine erfolgreiche Einarbeitung und Integration des neuen Mitarbeiters verhindern, wahrnimmt und ggfs. zusammen mit Ihnen Abhilfe schafft.
- Ermutigen Sie ihn Vorschläge zu machen, die seiner Meinung nach die Einarbeitung und Integration des neuen Mitarbeiters fördern würden.

Externes Coaching

Neben einer intensiven Betreuung durch Sie als Vorgesetzten und einen internen Paten, bewährt es sich in einer zunehmenden Zahl von Fällen, dem Mitarbeiter ein externes Coaching durch einen erfahrenen Berater anzubieten. Häufig scheuen sich Mitarbeiter, Probleme im Zusammenhang mit einer neuen Stelle mit Menschen aus diesem beruflichen Umfeld zu besprechen. Sie befürchten, dass manche Fragen als dumm eingeschätzt werden oder fühlen sich unsicher im Umgang mit den Kollegen. Ein erfahrener Coach kann hier neutrale Hilfe bieten und dem Mitarbeiter eine enorme Hilfe im Rahmen des Onboardingprozesses sein.

Darauf sollten Sie achten

Machen Sie deutlich, dass der Coach nicht als „verlängerter Arm" des Unternehmens eingesetzt wird, sondern alle Informationen, die ihm der Mitarbeiter gibt, vertraulich behandelt.

Bitten Sie um Referenzen, die die Seriosität und Kompetenz des Coaches belegen können.

Bieten Sie dem Mitarbeiter an, einen Coach seiner Wahl zu benennen, der ihn in den ersten Monaten begleitet. Damit schaffen Sie Vertrauen und tragen letztendlich zu einer positiven Mitarbeiterbindung bei.

Die hier vorgestellten Elemente im Rahmen des Onboardingprozesses sollten Sie je nach individueller Ausgangssituation entsprechend kombinieren und individuelle Schwerpunkte setzen. „Standardprogramme" bringen in der Regel nicht den erwünschten Erfolg. ◄

4.3   Praktische Vorbereitungen vor dem ersten Arbeitstag

Der Arbeitsplatz

Der eigene Arbeitsplatz hat für einen neuen Mitarbeiter neben der rein funktionalen Bedeutung meist noch eine wichtige Zusatzfunktion: Es ist sein sicherer Hafen, sein eigenes Reich, in das er sich zurückziehen kann, wenn Unbekanntes auf ihn einstürzt. Daher sollten Sie sicherstellen, dass dem Mitarbeiter bereits vom ersten Arbeitstag an ein komplett ausgestatteter Arbeitsplatz zur Verfügung steht.

Es empfiehlt sich den Arbeitsplatz nicht völlig abseits von den Kollegen zu wählen. Schließlich sollte sich der neue Mitarbeiter nicht abgeschoben vorkommen und die Möglichkeit haben, einfachen Zugang zu Ihnen und den Kollegen zu finden. Wer auch nach Außen hin ein Teil des Teams ist, kann wesentlich schneller das wichtige Wir-Gefühl entwickeln. Sofern in Ihrer Organisation die Mitarbeiter keine festen Arbeitsplätze haben, was besonders in Beratungsunternehmen häufig anzutreffen ist, so sollte der neue Mitarbeiter mit dieser Arbeitsform gleich zu Beginn vertraut gemacht werden. In der Anfangsphase kann es dennoch sinnvoll sein, ihn räumlich eng bei seinem Paten oder erfahrenen Kollegen zu platzieren.

Nachfolgende Checkliste kann Ihnen dabei eine Orientierung geben:

Checkliste Arbeitsplatz
- Steht der Arbeitsplatz fest?
- Ist die neue Sitzordnung mit den Kollegen abgestimmt?
- Sind ergonomische Belange sowie die Arbeitsplatzsicherheit berücksichtigt?
- Ist der Arbeitsplatz mit Mobiliar ausgestattet?
- Ist der Arbeitsplatz technisch ausgestattet?
  - PC mit Software, User-ID und Berechtigungen
  - Drucker
  - Internetzugang
  - ggfs. Werkzeuge und Arbeitskleidung
  - Schreibtischausstattung
  - Telefon
  - ggfs. Laptop mit Software und User-ID, VPN Anschluss für mobiles Arbeiten
  - ggfs. Handy mit Freischaltung
- Sind Namensschilder vorbereitet (Tür, Schreibtisch)?

Die Planung des ersten Tages

Neben der Bereitstellung eines Arbeitsplatzes sollten Sie auch im Vorfeld Überlegungen anstellen, wie der Einstieg des neuen Mitarbeiters konkret erfolgen soll. Dem ersten Arbeitstag kommt dabei eine besondere Bedeutung bei. Der neue Mitarbeiter verbindet mit seinem „Empfang" die Grundhaltung, mit der ihm im neuen Unternehmen begegnet wird. Ähnlich wie im Vorstellungsgespräch, bei dem oft die ersten Sekunden und Minuten entscheidend sind für die gegenseitige Meinungsbildung, so stellt auch der erste Arbeitstag die Weichen für den weiteren Verlauf der Zusammenarbeit.

Planen Sie deshalb den ersten Arbeitstag mit besonderer Sorgfalt.

Die folgenden Überlegungen und Anregungen sollen Ihnen dabei helfen:
- Stellen Sie sicher, dass Sie an diesem Tag selbst anwesend sind.
- Planen Sie sich Zeit für den neuen Mitarbeiter ein.
- Stimmen Sie sich mit dem HR-Bereich ab, was er zur Gestaltung des ersten Arbeitstages beiträgt.
- Informieren Sie Ihre Mitarbeiter vorab, dass ein neuer Kollege kommt.

- Überlegen Sie sich ein kleines Begrüßungsgeschenk (z. B. Blumen, ein Buch, eine Tasche mit Firmenaufdruck) als Zeichen, dass Sie den neuen Mitarbeiter freudig erwarten und ihn in die Gemeinschaft aufnehmen wollen.
- Überlegen Sie sich, wem Sie den neuen Mitarbeiter am ersten Arbeitstag vorstellen möchten (z. B. nächsthöherem Vorgesetzen, Betriebsrat,…).
- Bereiten Sie einen Aushang bzw. eine Information im Intranet vor, mit dem Sie den neuen Mitarbeiter im Unternehmen vorstellen. (möglichst ein Foto von ihm vorab anfordern, um es in den Aushang mit aufnehmen zu können). Alternativ bietet sich auch eine kurze Videobotschaft des neuen Mitarbeiter an, die im Intranet verfügbar ist.
- Bestimmen Sie einen Paten, der sich während der Einarbeitung speziell um den neuen Mitarbeiter kümmert.
- Stellen Sie die einzelnen Elemente des Onboardingprogramms zusammen, die der neue Mitarbeiter im Rahmen seiner Einarbeitung durchlaufen soll.
- Stellen Sie Unterlagen zur Verfügung, die dem neuen Mitarbeiter die Orientierung im Unternehmen erleichtern.

Informationsmaterial

Für den neuen Mitarbeiter sind zunächst Abteilungsbezeichungen, firmenspezifische Abkürzungen und betriebsinterne Abläufe völlig fremd. Sie können ihm als Führungskraft den Einstieg erleichtern, indem Sie ihm entsprechende Materialien und Unterlagen zur Verfügung stellen, die eine schnelle Orientierung erleichtern. Aber auch schriftlich niedergelegte Aussagen zu den Unternehmenszielen und -werten sollten nicht fehlen.

▶ **Tipp** Stellen Sie die wichtigsten Unterlagen in einem „Welcome-Package" zusammen, das Sie dem Mitarbeiter mit dem Eintritt übergeben.

Die Zusammenstellung der Unterlagen sollte übersichtlich sein und sich an den Bedürfnissen eines neuen Mitarbeiters orientieren.

Hilfreiche Bestandteile darin können sein:

- Unternehmensphilosophie
- Führungsgrundsätze
- Unternehmensziele
- Grundsätze der Mitarbeiterentwicklung und -förderung
- Weiterbildungsangebote
- Tarifverträge und Betriebsvereinbarungen
- Richtlinien (Dienstreiseregelung, Unterschriftenregelung etc.)
- Betriebliche Leistungen (Betriebliche Altersversorung, vermögenswirksame Leistungen)
- Versicherungen
- Geschäftsbericht
- Unternehmensorganigramm mit Namen
- Prozessabläufe im Unternehmen
- Produkt- bzw. Dienstleistungsspektrum
- Formblätter wie Projektanträge, Urlaubsanträge, Beurteilungsformulare etc.
- Telefonverzeichnis
- Abkürzungsverzeichnisse
- Templates für Firmenpräsentationen

Alternativ bietet es sich an, die Informationen dem Mitarbeiter elektronisch z. B. im Intranet oder als Onboardingportal zur Verfügung zu stellen. Der Vorteil liegt in der ständig aktualisierten abrufbaren Version. (siehe auch Abschn. 4.4. Onboarding Softwaretools)

▶   **Tipp** Verweisen Sie neue Mitarbeiter nicht nur allgemein auf das Intranet, sondern geben Sie ihnen den Link an, unter dem die entsprechenden Informationen abgerufen werden können. Damit helfen Sie neuen Mitarbeitern bei der ersten Orientierung und zeigen, welche Informationen aus Ihrer Sicht besonders wichtig sind. Ein spezieller Bereich für neue Mitarbeiter, in dem alle relevanten Informationen zusammenhängend dargestellt sind, ist sicherlich die komfortabelste Lösung.

Die hier vorgestellten vorbereitenden Maßnahmen bieten auch Ihnen als Führungskraft die Möglichkeit, sich bereits vor Eintritt des neuen Mitarbeiters mit dessen Einstieg gedanklich auseinander zu setzen und notwendige Schritte einzuleiten. Denn wenn diese erst dann initiiert werden, wenn der Mitarbeiter bereits da ist, laufen Sie Gefahr, wertvolle Zeit zu vergeuden und damit eine schnelle und reibungslose Einarbeitung und Integration zu gefährden.

Die Checkliste in Abb. 4.2 möge Ihnen nochmals als Orientierungshilfe und gedankliche Stütze für die Vorbereitung im Vorfeld dienen.

4.4 Onboarding-Softwaretools

Zahlreiche Anbieter haben webbasierte Softwaretools entwickelt, um Mitarbeiter aus den HR-Bereichen und Führungskräfte im Onboardingprozess zu unterstützen und diesen zu strukturieren. Diese Tools bilden den Onboardingprozess in allen Schritten ab und liefern Templates, um daraus unternehmensspezifische Unterlagen zu entwickeln. So lassen sich damit sehr zeitsparend Einarbeitungspläne erstellen und Informationsunterlagen zusammenstellen. Die Tools beinhalten teilweise auch Tutorials und Test, so können z. B. Compliance-Regelungen des Unternehmens dem neuen Mitarbeiter vorgestellt und mittels eines Online-Tests überprüft werden. Der größte Vorteil dieser Softwaretools liegt sicherlich darin, dass alle definierten Schritte des Onboardingprozesses erfasst sind und entsprechende Reminder deren Umsetzung auch sicherstellen. Die webbasierte Administrationsoberfläche ermöglicht es den Nutzern, z. B. Einladungen per E-Mail oder SMS direkt an die neuen Mitarbeiter zu versenden und damit die Kommunikation zu vereinfachen.

Den neuen Mitarbeitern bieten die Tools in Form eines Onboardingportals eine übersichtliche Benutzeroberfläche, um die wesentlichen Informationen abrufen zu können und sich schnell in der neuen Organisation zurechtzufinden.

Jedes System ist jedoch nur so gut wie es auch gepflegt und eingesetzt wird. Wichtig ist daher, dass die Standardtools den firmenspezifischen Gegebenheiten auch angepasst werden und diese immer auf dem neuesten Stand sind. Die Lebendigkeit der Inhalte sollte durch Video-Clips und die Einbeziehung von Mitarbeiter-Testimonials erhöht werden und dazu anregen, aktiv den Kontakt zu Kollegen zu suchen. Ferner sollte Wert darauf gelegt werden, dass die Inhalte auch an den unterschiedlichen Bedürfnissen der Mitarbeiter ausgerichtet werden. Ansonsten besteht leicht die Gefahr, dass sich der Einzelne nicht wirklich angesprochen fühlt oder Zeit in Themen investiert, die für ihn keine wirkliche Relevanz haben.

Checkliste Onboarding

Vorbereitung für Herrn /Frau___________________________

Eintritt am: ________________   Bereich:____________________

Funktion:___________________

o   Information der Kollegen/Mitarbeiter am: ________________
    Aufgabe:____
    Führungskraft:______________________________________
    Pate:____
    Einladung zum Einführungsworkshop am:________________

	vorhanden	bestellt/beantragt
o Arbeitsplatz		
Raum_____	☐	☐
Schreibtisch	☐	☐
Stuhl	☐	☐
o Arbeitsmaterial		
Laptop, Drucker, VPN Anschluss	☐	☐
Software installiert	☐	☐
Systemzugang/Passwörter	☐	☐
Smartphone	☐	☐
Visitenkarten	☐	☐
Firmenausweis mit Lichtbild	☐	☐
Werkärztliche Untersuchung	☐	☐
Werkzeuge /Arbeitskleidung	☐	☐

o   Zugang zu Onboarding Portal eingerichtet

o   Begrüßungsgeschenk besorgt

o   Ankündigung im Intranet /Vorstellungsvideo

o   Onboardingprogramm erarbeitet und mit beteiligten Bereichen abgestimmt

Datum: Unterschrift:

Abb. 4.2 Checkliste Onboarding

Onboarding-Softwaretools können den Prozess sehr hilfreich unterstützen und professionalisieren. Sie ersetzen jedoch nicht die individuelle Kommunikation und Betreuung. Denn: Aufmerksamkeit und Wertschätzung stellen das zentrale Fundament eines wirkungsvollen Onboardingprozesses dar. Nur über den Austausch und intensiven Dialog kann es gelingen, dass „die Neuen" neben der fachlichen Einarbeitung auch ein Gefühl für die Menschen und die Kultur im Unternehmen entwickeln und damit im neuen Umfeld wirklich ankommen. Dies ist kein Selbstzweck sondern die zwingende Voraussetzung, um wirklich produktiv und motiviert arbeiten zu können.

Onboarding aus Sicht des neuen Mitarbeiters 5

Der Onboardingprozess wird in starkem Maße auch von den Erwartungen und individuellen Voraussetzungen des neuen Mitarbeiters mitbestimmt. Bereits die Entscheidung für ein bestimmtes Unternehmen impliziert einige Erwartungen. So verbinden die meisten Menschen nach wie vor Sicherheit und geregelte Arbeitsprozesse eher mit einem größeren Unternehmen, während hohe Eigenverantwortung und unternehmerische Freiräume eher mit kleineren Unternehmen oder Start-ups verbunden werden. Der Onboardingprozess sollte sich daher an den spezifischen Erwartungen und Bedürfnissen des neuen Mitarbeiters orientieren.

> **Tipp** Klären Sie mit Ihrem neuen Mitarbeiter bereits im Vorfeld seine Erwartungen im Hinblick auf den Onboardingprozess ab.
>
> So wie Sie bei einem Kunden Ihr Angebot an dessen Bedürfnissen orientieren sollten, gilt es auch beim zukünftigen Mitarbeiter dort anzusetzen, wo er konkreten Bedarf anmeldet.
>
> Der neue Mitarbeiter wird die Qualität der Maßnahmen im Rahmen des Onboardingprozesses daran messen, wie seine spezifischen Bedürfnisse befriedigt werden.

Grundsätzlich lassen sich bei unterschiedlichen Zielgruppen spezifische Bedarfsschwerpunkte identifizieren. Nachfolgend sollen diese exemplarisch dargestellt werden:

© Springer Fachmedien Wiesbaden GmbH, ein Teil von Springer Nature 2020   29
D. Brenner, *Onboarding*, essentials,
https://doi.org/10.1007/978-3-658-30674-8_5

5.1   Hochschulabsolventen/Berufsstarter

Der Wechsel von der Hochschule in die Berufswelt ist mit einem sehr umfassenden Wandel des Lebensrhythmus und der gültigen Regeln und Werte verbunden. Oft ist zunächst eine Orientierungslosigkeit vorhanden, da Erfahrungswerte aus der Berufswelt fehlen. Verhaltensweisen müssen an den neuen Rahmenbedingungen erst ausprobiert werden. Neben dem Fachwissen gilt es eine Vielzahl methodischer Tools zu vermitteln. Ganz besonderer Wert ist auf das Erlernen von Networking- und teamorientierten Fähigkeiten zu legen. Da in einem Unternehmen in der Regel andere „Spielregeln" gelten als an der Hochschule, gilt es ein besonderes Augenmerk darauf zu legen, dass der neue Mitarbeiter mit diesem Systemwechsel gut zurechtkommt.

Dieser Bedarf lässt sich am besten decken durch
- Peer-Groups für Erfahrungsaustausch und Gruppengefühl.
- Pate zur Betreuung und Begleitung.
- Enger Kontakt mit dem direkten Vorgesetzten für Feedback.
- Vermittlung von methodischen Kompetenzen, z. B. agile Projektmanagement-Tools wie Scrum, Zeitmanagement und KPIs (Key Performance Indikatoren).
- Vorleben von Unternehmenswerten durch Vorgesetzte und Kollegen. Networking gezielt fördern durch Besuch von Firmenveranstaltungen, Teamarbeit, Bearbeitung von bereichsübergreifenden Koordinationsaufgaben und Projektarbeit.

5.2   Young Professionals

Young Professionals verfügen über erste berufliche Erfahrungen, der Lebensrhythmus hat sich auf die Anforderungen der Berufswelt eingestellt. Die Spielregeln der Arbeitswelt sind bekannt und erste berufliche Erfolge wurden erzielt. Das Selbstbewusstsein ist in der Regel gut ausgeprägt, mit dem Stellenwechsel wird berufliches Fortkommen aber auch die Verwirklichung persönlicher Ziele verbunden. Young Professionals stellen in der Regel hohe Anforderungen an die Vereinbarkeit von Unternehmenswerten und persönlichen Wertvorstellungen. Arbeit soll auch Spaß machen und Freiräume ermöglichen.

Vor diesem Hintergrund nimmt die soziale und werteorientierte Integration einen hohen Stellenwert ein. Über die Identifikation des neuen Mitarbeiters mit dem Bereich und dem Unternehmen gelingt es am besten, das vorhandene

Wissen, die Erfahrung und die volle Leistungsfähigkeit des neuen Mitarbeiters für das eigene Unternehmen schnell nutzbar zu machen.

Dieser Bedarf lässt sich am besten decken durch

- Vermittlung eines Überblicks über die Aktivitäten des Unternehmens durch Kurz-Seminare, Bereichsdurchläufe, Selbststudium.
- Mentor auf 1. oder 2. Unternehmensebene, der Eindrücke reflektieren hilft.
- Zielvereinbarung mit dem Vorgesetzten unter Einbeziehung von Developmentmaßnahmen, die im Rahmen des Rekrutierungsprozesses identifiziert wurden.
- Förderung des Networkings mit Experten anderer Unternehmen (Mitgliedschaft in Arbeitskreisen, Besuch von Kongressen,…).
- Mitarbeit in bereichsübergreifenden firmeninternen Task Forces.
- Persönliche Freiräume schaffen, um der Individualität und dem Wunsch nach Selbstverwirklichung Platz zu lassen durch kein zu eng gefasstes Stellenprofil und selbstbestimmtes Arbeiten. ◄

5.3   Außendienstmitarbeiter im Vertrieb und Consultants

Der Arbeitsplatz von Außendienstmitarbeitern und Consultants ist „on the road" oder direkt beim Kunden. Daher sollte sich die Einarbeitung dieser Mitarbeitergruppen auch an ihren spezifischen Gegebenheiten orientieren. Insbesondere Außendienstmitarbeiter haben in der Regel ein hohes Bedürfnis nach freier Zeiteinteilung. Sie über längere Zeiträume in Schulungsveranstaltungen zu binden, wird wenig Motivation erzeugen. Es geht vielmehr darum, einen direkten Kundenkontakt herzustellen und mit den wesentlichen Produktinformationen und Prozessen vertraut zu machen. Für Consultants steht das Kennenlernen der Prozesse und Tools der Organisation sehr stark im Vordergrund sowie die Identifikation mit den Beratungskonzepten und der Beratungsphilosophie.

Dieser Bedarf lässt sich am besten decken durch

- Tandem mit und Begleitung von Kollegen im Rahmen des Onboardings (Shadowing)
- Vermittlung von Produkt- und Prozesskenntnissen und Bereitstellung dieser Informationen auch im Remote-Zugriff
- Zeitlich fest umgrenzte Einführungsveranstaltungen (1–2 Tage)

- Zielvereinbarungen mit regelmäßigem Feedback
- Gute Ausstattung mit Arbeitstools (Fahrzeug, Laptop und VPN Anschluss für mobiles Arbeiten....)
- Anreizsysteme setzen ◄

5.4   Führungskräfte

Führungskräfte verfügen in der Regel über umfangreiche berufliche Erfahrung. Ihre Persönlichkeit hat sich über die Jahre gefestigt, sie haben die Sonnen- und Schattenseiten des Berufslebens kennengelernt und verfügen über ein hohes Maß an Urteilsfähigkeit. Sie sind gewohnt, komplexe und richtungsweisende Entscheidungen eigenverantwortlich zu treffen und haben den Prozess der Einarbeitung und Integration in ein neues Unternehmen in der Regel mehrfach durchlaufen. Sie benötigen in erster Linie klare Zielvorgaben, was von Ihnen erwartet wird und genügend Freiräume um Ihren neuen Verantwortungsbereich im Sinne der Unternehmensziele und Werte gestalten zu können.

Dieser Bedarf lässt sich am besten decken durch

- Kompakte Bereitstellung von sachlichem Orientierungswissen (Produktpalette, Kundenspektrum, strategische Ziele des Unternehmens, Budgetrahmen,…) mittels Kurzpräsentationen, Businessplänen und Briefings.
- Gespräche mit dem Vorgesetzten über Führungsgrundsätze, formelle und informelle Strukturen, Erwartungen, unternehmensspezifische Werte und Regeln.
- Klare Zielvereinbarungen mit regelmäßigem Feedback.
- Einbeziehung in Arbeitskreise und Meetings mit Kollegen sowie Entsendung in Gremien von Verbänden.
- Einführungsbesuche bei Kunden.
- Coaching durch externen Berater zur Reflexion des eigenen Handelns.
- Incentives setzen.
- Relocation-Service sofern Wohnortwechsel, um eine Entlastung von administrativen Tätigkeiten zu schaffen.
- Dual Career Service, sofern Standortwechsel, um den Partner bei einer beruflichen Neupositionierung zu unterstützen.
- Flexible Arbeitszeitgestaltung bei vorübergehendem Pendeln (z. B. Montagmorgen, Freitagnachmittag). ◄

Der Onboardingprozess im Zeitverlauf 6

Der Onboardingprozess gliedert sich in unterschiedliche Phasen, deren Länge von der jeweiligen Person sowie der Position abhängt.

Die Abb. 6.1 gibt einen Überblick:

6.1 Der erste Arbeitstag

Der erste Tag im Unternehmen besitzt einen besonderen Stellenwert. Die Art und Weise, wie Sie den neuen Mitarbeiter empfangen, vermittelt ihm einen wichtigen Eindruck der Wertschätzung, die ihm entgegengebracht wird. Machen Sie sich bewusst: Für Sie und Ihre Mitarbeiter ist dieser Tag ein ganz normaler Arbeitstag. Für den neuen Mitarbeiter stellt der erste Arbeitstag ein wichtiges Ereignis dar, mit dem er sich schon längere Zeit gedanklich beschäftigt und hohe Erwartungen aufgebaut hat. Dabei kommt immer wieder die Frage auf, ob die Entscheidung für diesen Arbeitgeber wirklich richtig war. Dies gilt besonders für Kandidaten, die mehrere Angebote zur Auswahl hatten. Am ersten Arbeitstag werden daher alle Eindrücke mit besonderer Aufmerksamkeit wahrgenommen und bewertet.

„Bin ich hier willkommen?"

„Ist das ein professionell agierendes Unternehmen, auf das ich mich hier eingelassen habe?"

„Fühle ich mich in diesem Umfeld wohl?"

Oft sind es die kleinen Dinge, die hier den großen Unterschied machen. Ein Blumenstrauß oder ein mit Luftballons dekorierter Arbeitsplatz können wichtige Symbole sein, die dem neuen Mitarbeiter ein positives Gefühl des Willkommenseins vermitteln. Solche Gesten vermitteln das Gefühl, freudig erwartet und

© Springer Fachmedien Wiesbaden GmbH, ein Teil von Springer Nature 2020   33
D. Brenner, *Onboarding*, essentials,
https://doi.org/10.1007/978-3-658-30674-8_6

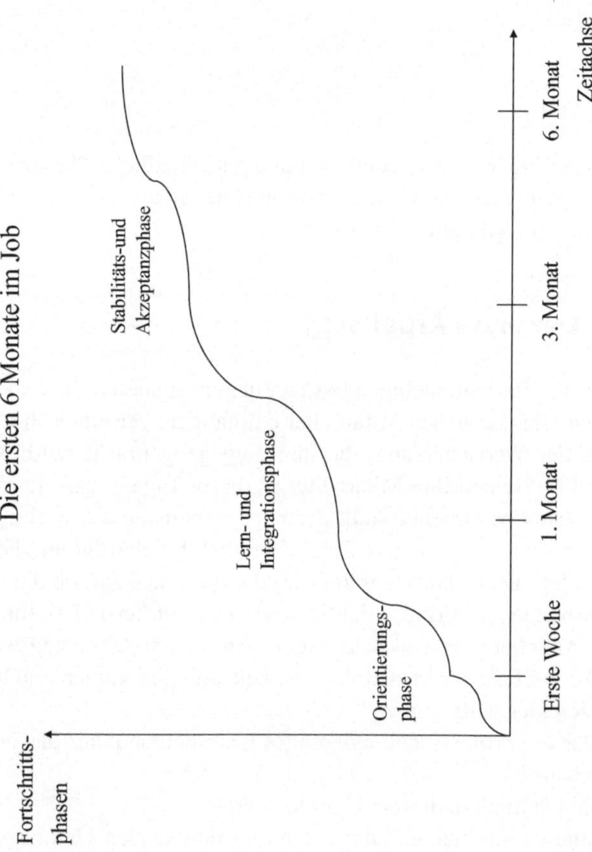

Abb. 6.1 Onboardingprozess im Zeitverlauf

positiv aufgenommen zu werden. Wer diese Grundhaltung seitens des Unternehmens für sich wahrnimmt, wird Pannen oder Probleme im weiteren Verlauf des Onboardingprozesses wesentlich leichter wegstecken, als derjenige, der bereits als ersten Eindruck das Gefühl erhält, nicht wichtig genommen zu werden. Der Eindruck, dass man an seinem ersten Arbeitstag noch nicht mal mit ihm gerechnet hat und nichts vorbereitet ist, vermittelt dem neuen Mitarbeiter ferner Unprofessionalität. Enttäuschung und Unsicherheit sind keine guten Startbedingungen. Der Eindruck der Wertschätzung kann so nicht vermittelt werden.

Unter dem Kriterium der Vermittlung von sachlichem Wissen kommt dem ersten Arbeitstag eher eine untergeordnete Bedeutung bei. Daher sollte der neue Mitarbeiter an diesem Tag nicht mit Informationen überladen werden. Entscheidend ist, ob er sich an seinem ersten Tag im Unternehmen emotional aufgenommen und akzeptiert fühlt. Symbole und Rituale können hier einen wichtigen Beitrag leisten. So sind gerade kleine Geschenke möglichst im Corporate Design (T-Shirts, Taschen,...) auch nach außen sichtbare Zeichen der Wertschätzung, die der Mitarbeiter in seinem privaten Umfeld präsentieren kann.

So können Sie Ihrem neuen Mitarbeiter in dieser Phase helfen:

Begrüßen Sie Ihren neuen Mitarbeiter persönlich und nehmen Sie sich Zeit für ihn.

Sorgen Sie dafür, dass

- der eigene Arbeitsplatz und wichtige Unterlagen bereitstehen,
- der neue Mitarbeiter durch einen Aushang mit Bild am Infoboard bzw. im Intranet vorgestellt wird.
- der Einarbeitungsplan steht und Sie diesen mit ihm auch in den Grundzügen durchsprechen.

Stellen Sie den neuen Mitarbeiter im direkten Kollegenkreis vor. Eine schöne Geste besteht auch darin, wenn Sie ihn zu einem gemeinsamen Mittagessen mit Ihrem Vorgesetzen einladen.

6.2 Die ersten Wochen

Die ersten Wochen bilden die sogenannte Orientierungsphase.

Der neue Mitarbeiter sollte:

- alle notwendigen administrativen Arbeiten im Rahmen des Arbeitsbeginns erledigen.

- sich mit der neuen Umgebung vertraut machen (Räumlichkeiten, Strukturen, Produkte,…).
- die direkten Kollegenkennenlernen und sich deren Namen merken.
- die wesentlichen Unternehmensziele und Grundsätze kennenlernen.
- einen ersten Eindruck über die Organisation und die Aufgaben erhalten.
- mit Ihnen als seiner Führungskraft den detaillierten Ablauf der Einarbeitung abstimmen und nach und nach umsetzen.
- die gegenseitigen Erwartungen diskutieren.
- erste Fachgespräche mit Kollegen führen.
- sich mit dem eigenen Aufgabengebiet vertraut machen.

Die Orientierungsphase ist dadurch gekennzeichnet, dass dem Mitarbeiter ein hohes Maß an Konzentrations- und Aufnahmefähigkeit abverlangt wird. Abkürzungen, Namen, Regeln, das alles sind zunächst Fremdwörter, die so gut wie nicht eingeordnet werden können.

So können Sie Ihrem neuen Mitarbeiter in dieser Phase helfen

- Überladen Sie ihn nicht, sondern dosieren Sie die Informationen.
- Führen Sie intensive Gespräche, die Zusammenhänge und Prioritäten erkennen lassen.
- Schenken Sie ihm Aufmerksamkeit und erkundigen Sie sich regelmäßig, wie er zurechtkommt.
- Fördern Sie den Kontakt mit den Kollegen. ◄

Tipp: Sprechen Sie mit dem Paten, was aus seiner Sicht noch hilfreiche Unterstützungsmöglichkeiten für den neuen Mitarbeiter sein können.

6.3   Die ersten Monate

Die ersten Monate lassen sich auch mit dem Begriff der Lern- und Integrationsphase umschreiben. Der neue Mitarbeiter lernt sich in die bestehende Struktur einzufügen und fachliche Zusammenhänge zu verstehen. Langsam entwickeln sich einzelne Eindrücke zu einem Gesamtbild und zunächst unverständliche Verhaltensweisen bekommen einen Sinn. Das Unternehmen wird in seiner Gesamtheit wahrgenommen, kommunizierte Werte werden mit dem realen Verhalten der Mitarbeiter verglichen. Der neue Mitarbeiter erschließt sich mehr und mehr das eigene Arbeitsgebiet und entwickelt dabei erste Überlegungen zu Optimierungsmöglichkeiten.

Seien Sie sich bewusst, dass diese Phase für den neuen Mitarbeiter in der Regel ein ständiges Wechselbad aus Erfolgserlebnissen und auch zunächst mit Frustration verbundenen Lernerfahrungen mit sich bringt. Die Aufnahme von Informationen bedeutet nicht unmittelbar, dass der neue Mitarbeiter diese auch verstanden hat. Es bedarf der Reflexion und Einordnung. Bevor der Mitarbeiter das Gelernte umsetzt, sollte er dies zunächst akzeptieren und verinnerlichen. Im Rahmen der Umsetzung wird es immer wieder zu Schwierigkeiten kommen, mit denen er sich auseinandersetzen muss. Diese Reflexion sollte durch den Vorgesetzten bzw. den Paten unterstützt werden, sodass der neue Mitarbeiter in einem neuen Anlauf das Gelernte umsetzen kann. Die positive Erfahrung und Wiederholung des Gelernten führt zu Übung und der Festigung der Lernerfahrung.

Die nachfolgende Grafik 6.2 Lernprozess veranschaulicht diesen Lernprozess.

So können Sie Ihrem neuen Mitarbeiter in dieser Phase helfen

- Lassen Sie sich von ihm Zusammenhänge erklären, um festzustellen, dass er diese verstanden hat.
- Geben Sie ihm ein Feedback zu seinen Fortschritten.
- Übertragen Sie ihm kleinere eigenverantwortliche Aufgaben
- Vermitteln Sie eine positive Fehlerkultur
- Muntern Sie Ihren Mitarbeiter auf, wenn er sich mit Schwierigkeiten und Rückschlägen auseinandersetzen muss
- Loben Sie ihn für Fortschritte und Erfolge
- Bieten Sie ihm Freiräume, um sich selbst zu orientieren.
- Integrieren Sie ihn in Projektteams.
- Bitten Sie ihn um seine Einschätzung bezüglich der praktizierten Verfahrensweisen und Prozesse, im Hinblick auf mögliche Optimierungen.

Spätestens nach zwei bis drei Monaten sollte ein erstes formales Mitarbeiterfeedbackgespräch erfolgen, das dem Mitarbeiter auch eine Orientierung gibt, wie zufrieden Sie mit seinen Fortschritten sind, sprich, ob er sich „on track" befindet. Sofern es kritische Abweichungen gibt, kommunizieren Sie diese und stimmen Sie gemeinsam einen Maßnahmenplan ab, wie weiter vorgegangen werden kann. Das Mitarbeiterfeedbackgespräch sollte keine Einbahnstraße sein. Ermutigen Sie auch den Mitarbeiter seine Eindrück zu kommunizieren und seinerseits Vorschläge zu machen, wie er den weiteren Prozess positiv mitgestalten möchte. ◄

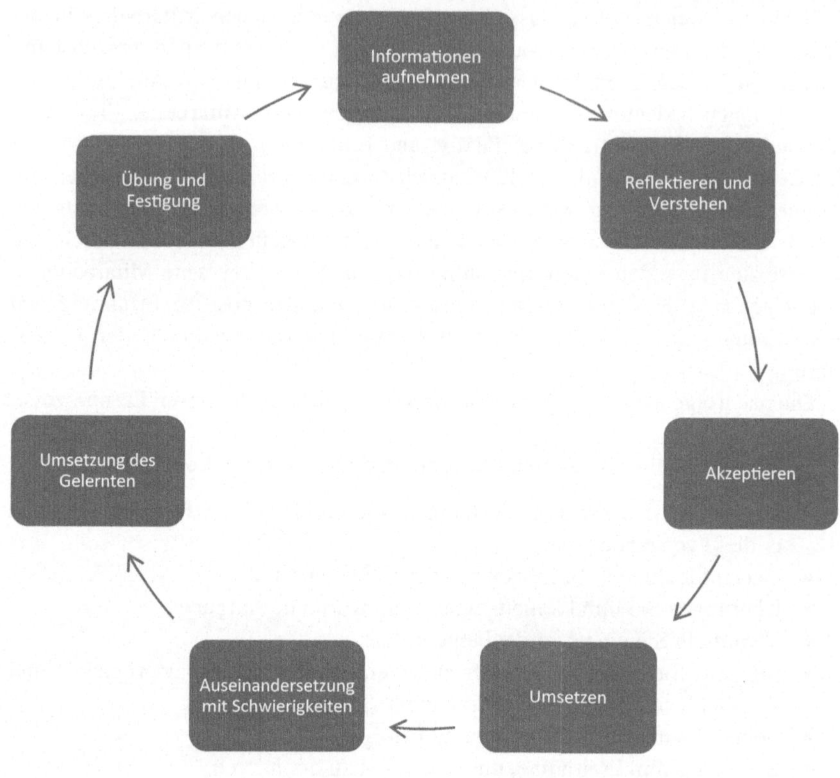

Abb. 6.2 Lernprozess

6.4 Die Probezeit

Nach fünf bis sechs Monaten sollte der neue Mitarbeiter sich im neuen Unternehmen akklimatisiert haben und die ersten eigenständig erarbeiteten produktiven Teilergebnisse vorweisen können. Diese Phase des Onboardingprozesses kann auch als Einstieg in die Stabilitäts- und Akzeptanzphase bezeichnet werden. Der neue Mitarbeiter sollte zu diesem Zeitpunkt als Mitglied in die Gemeinschaft aufgenommen worden sein, Zusammenhänge erkennen können und eigenständig zumindest Teilbereiche seines Aufgabengebietes bearbeiten können Der Begriff der Probezeit ist teilweise etwas irreführend. Formal bezeichnet er den Zeitraum, der im Arbeitsvertrag mit einer verkürzten Kündigungsfrist definiert ist. Unabhängig von dieser vertraglich festgelegten Probezeit, kann generell auch arbeitgeberseitig innerhalb der ersten sechs Monate eines Arbeitsverhältnisses ohne Nennung von Gründen die Kündigung ausgesprochen werden. Da das Kündigungsschutzgesetz (KSchG) erst bei Arbeitsverhältnissen zur Anwendung kommt, die mehr als sechs Monate bestehen, sollte daher bis zu diesem Zeitpunkt auch geklärt sein, ob eine Weiterbeschäftigung aus Sicht des Unternehmens beabsichtigt ist. Danach bestehen durch das Gesetz weitreichende Beschränkungen und formale Auflagen, die eine Trennung wesentlich schwieriger machen. Je enger Sie mit dem neuen Mitarbeiter während dieses halben Jahres im Kontakt standen, umso fundierter kann Ihre diesbezügliche Entscheidungsbasis sein.

Damit für beide Seiten der Abschluss dieser Phase zu einem positiven Ergebnis kommen kann, nachfolgend einige Empfehlungen.

Beispiel

- Sprechen Sie Schwierigkeiten oder Abweichungen vom geplanten Verlauf des Onboardingprozesses frühzeitig an, um noch entsprechend korrigierende Maßnahmen ergreifen zu können.
- Übertragen Sie Zug um Zug komplexere und schwierigere Aufgaben.
- Stellen Sie sicher, dass auch der HR-Bereich mit dem neuen Mitarbeiter im Kontakt bleibt und eine Erstbeurteilung vor Ende der Probezeit erfolgt.
- Sprechen Sie mit den Kollegen und insbesondere mit dem Paten, wie sie die Einarbeitung und Integration des neuen Mitarbeiters erleben.
- Geben Sie Ihrem neuen Mitarbeiter ein Feedback, wenn Sie für sich die Entscheidung der Weiterbeschäftigung getroffen haben und nutzen Sie das Gespräch als positiven Motivationsschub für den Mitarbeiter..
- Zeigen Sie Ihrem Mitarbeiter Ihr Vertrauen, indem Sie ihn zunehmend in Entscheidungen einbeziehen und umfangreichere Aufgaben übertragen. ◀

Nutzen Sie den Eintritt eines neuen Mitarbeiters auch dazu, Eindrücke und Anregungen zu erhalten, wie Ihr Bereich mit dem Blick von Außen wahrgenommen wird. Oft können diese Rückmeldungen ein enormes Verbesserungspotenzial enthalten, das es zu nutzen gilt.

Sollte der neue Mitarbeiter nicht schon zu einem früheren Zeitpunkt von sich aus einen Einstand gegeben haben, bietet sich hierfür der Abschluss der Sechsmonatsfrist nach Eintritt an. Hier kann der Pate dem neuen Mitarbeiter auch eine Anregung und Orientierung geben, in welchem Rahmen der Einstand erfolgen sollte. Ob ein mitgebrachter Kuchen, der gemeinsam in der Pause gegessen wird, oder eine Einladung außerhalb der Arbeitszeit passend ist, hängt von den jeweiligen Gegebenheiten im Bereich ab. In jedem Fall ist der Einstand ein wichtiges Ritual für die soziale Integration und Aufnahme in das Team und sollte daher auch von Ihnen als Führungskraft positiv gesehen werden.

Sollten Sie zu der Entscheidung kommen, dass Sie das Arbeitsverhältnis mit dem neuen Mitarbeiter nicht fortsetzten möchten, empfiehlt sich in jedem Fall ein Exit-Gespräch zu führen. In diesem sollten Sie erläutern, wie es zu dieser Entscheidung gekommen ist. Wie oben dargestellt, sind Sie formal nicht zu einer Begründung verpflichtet. Dieses Gespräch kann jedoch eine wichtige Hilfestellung sein, damit der ausscheidende Mitarbeiter mögliche Fehler in der Zukunft vermeidet. Auch wenn der neue Mitarbeiter von sich aus kündigt, sollten Sie das Gespräch suchen, um auch Ihrerseits ein Feedback zu erhalten, wie Sie in der Zukunft den Onboardingprozess verbessern können.

Virtuelles Onboarding 7

Seit den Erfahrungen der Coronakrise stehen Unternehmen vor der Herausforderung, das Onboarding neuer Mitarbeiter auch ohne persönlichen Kontakt durchzuführen. Was tun, wenn der Eintrittstermin des neuen Mitarbeiters naht und alle Kollegen sich im Homeoffice befinden? Wie soll der neue Mitarbeiter, der dann selbst vom Homeoffice aus arbeiten soll, effizient eingearbeitet werden? Und noch kritischer: Wie findet er sich als neues Mitglied des Teams in die soziale Struktur ein und entwickelt ein „Wir-Gefühl?".

Ein virtuelles Onboarding erfordert von allen Beteiligten verstärkte Anstrengungen, um das gewünschte Ziel der zügigen Einarbeitung und Integration neuer Mitarbeiter erreichen zu können.

Im Zuge der Digitalisierung werden auch HR Prozesse immer häufiger über Softwaretools abgebildet. Diese unterstützen dabei die einzelnen Aufgabenpakete zu strukturieren und einen reibungslosen Ablauf aller Prozessschritte sicherzustellen. (vgl. Abschn. 4.4. Onboarding-Softwaretools).

Für das virtuelle Onboarding können diese Tools eine gute technische Basis darstellen. Alle administrativen Aufgaben, wie Anlage der Stammdaten des neuen Mitarbeiters (Sozialversicherungsdaten, Bankdaten, Steuerdaten…) oder Bestellung von Arbeitskleidung lassen sich darüber bequem erledigen. Gerade im Preboarding können webbasierte Tools den Kontakt zwischen dem HR-Bereich bzw. Ihnen als Führungskraft und dem neuen Mitarbeiter sehr gut unterstützen und sogar intensivieren.

Ab dem Zeitpunkt, zu dem der neue Mitarbeiter an Bord kommt und ansonsten ein intensiver, persönlicher Kontakt im Rahmen des Onboardings stattfindet, gilt es beim virtuellen Onboarding einige Aspekte besonders zu beachten.

© Springer Fachmedien Wiesbaden GmbH, ein Teil von Springer Nature 2020   41
D. Brenner, *Onboarding*, essentials,
https://doi.org/10.1007/978-3-658-30674-8_7

Gerade am ersten Arbeitstag spielt der emotionale Faktor eine zentrale Rolle, wie bereits in Abschn. 6.1. beschrieben. Daher sollte hier, sofern möglich, eine persönliche Begrüßung erfolgen. Sofern dies nicht realisierbar ist, sollten Sie als Führungskraft auf jeden Fall über eine Videoschaltung den neuen Mitarbeiter begrüßen. Ein „Welcome Package" mit einem netten Begrüßungsschreiben, Corporate Produkten wie Sweatshirt oder Tasche und das notwendige Homeoffice Equipment sollten am ersten Arbeitstag bei dem Mitarbeiter zuhause ankommen.

Zahlreiche Unternehmen sind dazu übergegangen den neuen Mitarbeiter zumindest am ersten Arbeitstag im Office willkommen zu heißen. Indem der Vorgesetzte den persönlichen Kontakt sucht und mit ihm die weitere Vorgehensweise abstimmt, wird eine gute Basis für den weiteren virtuellen Prozess gelegt. „Das war schon gut, da ich das Gefühl aus dem Vorstellungsgespräch nochmals bestätigt bekam, dass mein Chef und ich auf einer Wellenlänge schwingen. Dieser Kontakt gab mir nochmals Sicherheit für meine Wechselentscheidung." so der O-Ton eines neuen Mitarbeiters, der einen neuen Job antrat. Bei diesem persönlichen Termin wurden auch der Laptop und ein Handy übergeben und der Kontakt zum Paten hergestellt. Dann ging es ins Homeoffice. Regelmäßige Videokonferenzen und Chats (Skype for Business oder Zoom sind gängige Plattformen) bildeten die wesentlichen Medien für die Kommunikation. So zeigte sich, dass die Kontaktdichte gegenüber dem klassischen Onboarding eher noch höher sein sollte. Unterstützt wurde der weitere Onboardingprozess durch eine webbasierte Onboardingplattform, die dem neuen Mitarbeiter alle relevanten Informationen übersichtlich zur Verfügung stellt.

Sofern der neue Mitarbeiter keine Gelegenheit hat sich im Unternehmen persönlich vorzustellen, bietet es sich an, ein kurzes Einstiegsvideo zu erstellen, das z. B. im Intranet für alle Mitarbeiter verfügbar ist. Schön, wenn dieses auch ein paar persönliche Aspekte wie Interessen und Hobbys beinhaltet. So lassen sich Gemeinsamkeiten leichter identifizieren, die eine gute Ausgangsbasis bilden, um einen persönlichen Draht herzustellen. Im direkten Arbeitsumfeld empfiehlt sich im Rahmen einer Videokonferenz eine erste Vorstellung. Hier sind Sie als Führungskraft gefragt, allen Beteiligten die weitere Vorgehensweise im Hinblick auf das Onboarding zu erläutern und aktiv den Austausch anzuregen.

Fördern Sie insbesondere den intensiven Kontakt mit dem Paten. Er kann den neuen Mitarbeiter insbesondere auch darin unterstützen, weiter Kontakte zu den passenden Leuten im Unternehmen zu knüpfen. Diese Mittlerrolle ist insbesondere im Rahmen des virtuellen Onboardings besonders wichtig.

In vielen Organisationen haben sich auch virtuelle Kaffeecounter etabliert, bei denen sich die Mitarbeiter zu einer festen Tageszeit zusammenschalten und austauschen. Gerade in diesen informellen Runden lässt sich der Kontakt leichter knüpfen.Beliebt sind ferner Apps wie Houseparty über die sich Mitarbeiter nach Feierabend z. B. zum virtuellen Bier verabreden.

Auch virtuelle Einstiegsveranstaltungen für neue Mitarbeiter lassen sich heute mittels Technik gut realisieren. Achten Sie darauf, dass diese sehr interaktiv ausgerichtet sind und nicht zu Folienschlachten ausarten. Insbesondere bei größeren Teilnehmerzahlen sollte die Möglichkeit bestehen mit Breakout Räumen in kleineren Teams intensiver zusammen zu arbeiten und damit den Kontakt unter den Teilnehmern zu intensivieren.

Gerade für Mitarbeiter im Außendienst, in der Beratung oder bei einem hohen Homeoffice-Anteil bieten remote-fähige Onboardingtools eine gute Basis jederzeit die benötigten Informationen abrufen zu können. Sie können Prozesse unterstützen, den wichtigen Softfaktor jedoch nicht vollständig ersetzen. Nur über den Austausch und intensiven Dialog kann es gelingen, dass „die Neuen" neben der fachlichen Einarbeitung auch ein Gefühl für die Menschen und die Kultur im Unternehmen entwickeln und damit im neuen Umfeld wirklich ankommen. Dies ist kein Selbstzweck, sondern die zwingende Voraussetzung, um wirklich produktiv und motiviert arbeiten zu können.

Kommunikation im Rahmen des Onboardingprozesses 8

Am Ende dieses kleinen Leitfadens möchte ich dem Thema Kommunikation noch ein gesondertes Kapitel widmen, da diesem aus meiner Sicht eine zentrale Bedeutung im Rahmen des Onboardingprozesses zukommt.

Alle Aktivitäten zur Einarbeitung und Integration eines neuen Mitarbeiters sind darauf gerichtet, eine für beide Seiten fruchtbare Zusammenarbeit zu ermöglichen. Was aber tun, wenn sich herausstellt, dass es nicht funktioniert, dass Unzufriedenheit besteht und die Erwartungen von welcher Seite auch immer, nicht erfüllt werden konnten?

Gespräche mit Führungskräften und Mitarbeitern zeigen immer wieder, dass es häufig nicht grundlegende, unüberwindbare Meinungsverschiedenheiten oder Schwierigkeiten sind, die zu einem Scheitern des Arbeitsverhältnisses noch während der Probezeit führen. Oft handelt es sich um Missverständnisse, gekränkte Eitelkeiten oder schlicht und ergreifend das fehlende Wissen um die Beweggründe des anderen für sein Verhalten, die schließlich das Fass zum Überlaufen bringen und das Ende der Zusammenarbeit bedeuten. Noch schlimmer ist es, wenn Unzufriedenheit besteht und aus fehlender Zivilcourage oder Existenzangst das Arbeitsverhältnis fortgesetzt wird. Führungskräfte befürchten oft einen Imageverlust innerhalb der Organisation, wenn Sie sich von einem Mitarbeiter innerhalb der Probezeit trennen. Die vermeintliche Unfähigkeit „richtige" Personalauswahlentscheidungen zu treffen, zusätzlicher Aufwand bei der neuen Suche aber auch die Sorge gegenüber Kunden und Lieferanten ein Versagen eingestehen zu müssen, stellen häufig die Gründe für dieses Verhalten dar. Auch seitens der Mitarbeiter besteht eine hohe Hemmschwelle das Arbeitsverhältnis noch während der Probezeit zu beenden, ganz besonders dann, wenn kein neues Beschäftigungsverhältnis in Aussicht ist.

© Springer Fachmedien Wiesbaden GmbH, ein Teil von Springer Nature 2020   45
D. Brenner, *Onboarding*, essentials,
https://doi.org/10.1007/978-3-658-30674-8_8

An diesem Punkt einfach so weiterzumachen wie bisher, wäre sicherlich der schlechteste aller Wege. Letztendlich hilft nur eine offene Kommunikation, um die wirklichen Ursachen und Beweggründe des anderen verstehen zu können. Je intensiver Sie sich als Führungskraft mit Ihrem neuen Mitarbeiter austauschen, um so eher wird zu erkennen sein, ob es sich um wirklich unüberwindbare Schwierigkeiten handelt, die nur durch eine Beendigung des Arbeitsverhältnisses gelöst werden können oder andere Alternativen möglich sind. Dies könnte z. B. auch ein möglicher Wechsel in einen anderen Bereich innerhalb der Organisation sein. Je früher Sie Abweichungen vom gewünschten Verhalten ansprechen, umso höher ist die Chance, dass durch entsprechende Maßnahmen eine Korrektur möglich ist.

Fairness, Ehrlichkeit und Mut spielen dabei eine große Rolle. Wer seinem neuen Mitarbeiter immer den Eindruck vermittelt, alles sei bestens, und dann am Ende der Probezeit die Kündigung präsentiert, handelt sicherlich nicht nach den oben proklamierten Grundsätzen. Denn auch ein Mitarbeiter, der das Unternehmen verlässt, sollte zumindest den Eindruck mitnehmen, dass er fair behandelt wurde. Wie heißt das Sprichwort so schön: Man sieht sich immer zweimal im Leben.

Übersicht

Zum Abschluss quasi als Zusammenfassung eine Checkliste mit den wichtigsten Punkten, an die Sie im Rahmen des Onboardings neuer Mitarbeiter denken sollten:

Checkliste
- Sprechen Sie über die gegenseitigen Erwartungen bereits im Rahmen des Rekrutierungsprozesses.
- Informieren Sie Ihre Mitarbeiter frühzeitig darüber, dass ein neuer Kollege kommen wird.
- Halten Sie bereits vor dem ersten Arbeitstag Kontakt zu Ihrem neuen Mitarbeiter, indem Sie ihn über wichtige Entwicklungen und Entscheidungen seines zukünftigen Aufgabengebietes informieren.
- Machen Sie sich vor dem Eintrittstermin Gedanken über die Gestaltung der Einarbeitungs- und Integrationsmaßnahmen.
- Gestalten Sie den ersten Arbeitstag so, dass Ihr neuer Mitarbeiter das Gefühl erhält, freudig erwartet zu werden.

- Sprechen Sie die Maßnahmen im Rahmen des Onboardingprozesses mit Ihrem neuen Mitarbeiter durch und orientieren Sie sich an seinen individuellen Bedürfnissen.
- Führen Sie regelmäßige Feedbackgespräche, um Ihrem neuen Mitarbeiter eine Orientierung zu geben und gleichzeitig mehr darüber zu erfahren, wie er seinen Einstieg im Unternehmen beurteilt.
- Fördern Sie den Kontakt zwischen Ihrem neuen Mitarbeiter und seinen Kollegen.
- Wenn Sie Probleme erkennen, sprechen Sie diese sofort an.
- Nutzen Sie die Probezeit, um eine fundierte Informationsbasis zu haben, ob das Arbeitsverhältnis fortgesetzt werden soll.

Ich wünsche Ihnen nun viel Erfolg und ein glückliches Händchen bei der Einarbeitung und Integration Ihrer neuen Mitarbeiter.

Appendix A. Was Sie aus diesem *essential* mitnehmen können

- Je mehr Sie bereit sind im Rahmen des Onboardings einen neuen Mitarbeiter zu unterstützen, um so schneller wird er in der Lage und auch willens sein, seine volle Leistungsfähigkeit einzubringen.
- Die erfolgreiche Einarbeitung und Integration eines neuen Mitarbeiters vollzieht sich sowohl auf fachlicher, sozialer und werteorientierter Ebene.
- Dem ersten Arbeitstag kommt aus Sicht des Mitarbeiters eine hohe Bedeutung bei, daher ist es wichtig, hier die richtigen Signale zu senden. Bereits vor dem ersten Arbeitstag können Sie im Rahmen des Preboardings wichtige Impulse setzen.
- Der Onboardingprozess lässt sich unterteilen in: Orientierungsphase, Lern- und Integrationsphase sowie Stabilitäts-und Akzeptanzphase
- Je nach Zielgruppe und individuellen Bedürfnissen des neuen Mitarbeiters sollten die Elemente des Onboardings individuell ausgewählt und zusammengestellt werden
- Softwaretools können den Onboardingprozess professionalisieren und auch virtuelle Onbardingmaßnahmen unterstützen

© Springer Fachmedien Wiesbaden GmbH, ein Teil von Springer Nature 2020 49
D. Brenner, *Onboarding*, essentials,
https://doi.org/10.1007/978-3-658-30674-8